NORD PERDU
suivi de
DOUZE FRANCE

DU MÊME AUTEUR

Romans

LES VARIATIONS GOLDBERG, ROMANCE, Seuil, 1981 ;
Babel n° 101.

HISTOIRE D'OMAYA, Seuil, 1985 ; Babel n° 338.

TROIS FOIS SEPTEMBRE, Seuil, 1989 ; Babel n° 388.

CANTIQUE DES PLAINES, Actes Sud / Leméac, 1993 ; Babel n° 142.

LA VIREVOLTE, Actes Sud / Leméac, 1994 ; Babel n° 212.

INSTRUMENTS DES TÉNÈBRES, Actes Sud / Leméac, 1996 ;
Babel n° 304.

L'EMPREINTE DE L'ANGE, Actes Sud / Leméac, 1998.

PRODIGE, Actes Sud / Leméac, 1999.

Livres pour enfants

VÉRA VEUT LA VÉRITÉ, Ecole des Loisirs, 1992 (avec Léa).

DORA DEMANDE DES DÉTAILS, Ecole des Loisirs, 1993 (avec Léa).

LES SOULIERS D'OR, Gallimard, "Page blanche", 1998.

Essais

JOUER AU PAPA ET A L'AMANT, Ramsay, 1979.

DIRE ET INTERDIRE : ÉLÉMENTS DE JUROLOGIE, Payot, 1980.

MOSAÏQUE DE LA PORNOGRAPHIE, Denoël, 1982.

A L'AMOUR COMME A LA GUERRE, CORRESPONDANCE, Seuil, 1984
(en collaboration avec Samuel Kinser).

LETTRES PARISIENNES : AUTOPSIE DE L'EXIL, Bernard Barrault, 1986
(en collaboration avec Leïla Sebbar).

JOURNAL DE LA CRÉATION, Seuil, 1990.

TOMBEAU DE ROMAIN GARY, Actes Sud / Leméac, 1995 ; Babel n° 363.

DÉSIRS ET RÉALITÉS, Leméac / Actes Sud, 1996.

NANCY HUSTON

Nord perdu

SUIVI DE

Douze France

un endroit où aller
ACTES SUD / LEMÉAC

Pour Lorne,
mon frère de sang, d'âme et de langues

Home is where you start from.

T. S. ELIOT, *East Coker.*

NORD PERDU

Prendre plus en pitié mon propre cœur ; avec
Bonté, dorénavant, contempler mon triste moi,
Avec charité ; et que cet esprit tourmenté ne vive plus
Avec cet esprit tourmenté le tourmentant encore.

GERARD MANLEY HOPKINS

Pas d'ici
Du mystère, quelque part
Autour de ces mots.

MARICA BODROZIC

ENVOI

"JE NE ME PLAIS PAS. Oui." C'est Sviato-slav Richter qui parle.

Au départ, la haine de soi. Peu importe pour quelle raison.

Bien des comportements peuvent être inspirés par la haine de soi. On peut devenir artiste. Se suicider. Changer de nom, de pays, de langue.

Tout cela à la fois (Romain Gary).

ORIENTATION

SE DÉSORIENTER, c'est perdre l'est. Perdre le nord, c'est oublier ce que l'on avait l'intention de dire. *Ne plus savoir où l'on en est. Perdre la tête.* Une chose qui ne se fait pas. Une chose qui ne s'évoque qu'au négatif, pour la nier, pour dire qu'on ne l'a pas faite. On dit : "Il ne perd pas le nord, celui-là."

Jamais : "Ça y est. Il l'a perdu, le nord."

Perdre le nord. *To be all abroad*, propose comme traduction mon excellent dictionnaire français-anglais. Expression qui signifie, mot à mot, être complètement à l'étranger. Mais si on la cherche à son tour, dans le dictionnaire anglais-français, on trouve : *éparpillé de tous côtés* ou *aux quatre vents*, mais aussi : *se tromper tout à fait, dérailler complètement, ne plus y être du tout.*

Ce n'est pas la même chose ! Les dictionnaires nous induisent en confusion, nous jettent dans l'effrayant magma de l'entre-deux-langues, là où les mots *ne veulent pas* dire, là où ils refusent de dire, là où ils commencent à dire une chose et finissent par en dire une tout autre.

Ce que l'on avait l'intention de dire, c'était le nord.

Ce que j'aurais dû dire. En principe. Ce que j'étais censée dire, si j'avais quelque chose à dire.

Le Nord, j'en viens. En français, chaque fois qu'on y fait allusion, on précise qu'il est grand. On l'affuble même, souvent, d'une lettre majuscule. Personne ne dit, parlant de moi : elle vient du petit Nord. Toujours du grand. Sa grandeur compense, dans l'imaginaire français, son vide. Il est immense mais ne contient rien. Des arpents de neige. Des millions d'hectares de glace. On admire sans bien savoir quoi en dire, ni comment vous interroger là-dessus. On sait qu'il y fait froid. ("Dieu ! qu'il fait froid !" Trente ans après avoir quitté le Canada, je revendique le droit de prononcer cette phrase à Paris, et d'avoir froid à Paris, merde, sans qu'on me réplique à chaque fois : "En tant que Canadienne, pourtant, vous devriez être habituée"... me renvoyant, sinon dans mon pays d'origine comme les pauvres sans-papiers, du moins à mes origines…)

"Le Nord", c'est aussi une façon de parler. En fait, Calgary, ma ville natale, est situé à la même latitude peu ou prou que Paris, ma ville adoptive. Le Nord, c'est une image. Une image pour dire qu'il y fait froid, et qu'il n'y a personne.

The true North strong and free, c'est donc chez moi, mon hymne national. True North c'est *le nord vrai ou géographique*, celui qu'indique la boussole : le pôle nord, quoi. Perdre la boussole, c'est *perdre la tête, s'affoler*.

C'est la tête, en d'autres termes, qui indique le nord.

Il s'agit de pas les perdre, voyez-vous. La tête, le nord.

Il s'agit de ne pas s'affoler. Ne nous affolons pas.

Pardon.

Strong and free veut dire fort et libre. Aucun problème de traduction, cette fois. Aucune ambiguïté possible. On est fort et libre ou on ne l'est pas, n'est-ce pas ? Votre pays à vous est peut-être fort et libre aussi, à force d'abreuver de sang ses sillons. Comment s'appelle-t-il ? Ah oui ? Et depuis combien de temps ? Le mien s'appelle Canada depuis deux petits siècles seulement. Avant, il n'avait pas de nom, il n'existait pas. Et le vôtre ? Et vos ancêtres ? Etes-vous patriote ? Non non, ce n'est pas un sondage, c'est juste un essai de repérage. Etes-vous fier de venir de votre pays ? Pourquoi ? Qu'avez-vous fait pour le mériter ? Et trahir votre pays, cela voudrait dire quoi, pour vous ? Le quitter, l'abandonner une fois pour toutes ? Faire l'amour avec un autre ?

Mon pays c'était le Nord, le Grand Nord, le nord vrai, fort et libre.

Je l'ai trahi, et je l'ai perdu.

Vingt-cinq ans, cet automne, que j'habite la France. Je suis arrivée en 1973 et là, à l'heure où j'écris, nous sommes en 1998. Un quart de siècle (le temps passe, c'est ça que j'essayais de vous dire tout à l'heure, c'est que tout est relatif, pays jeune ou pays vieux, petit enfant ou vieille personne, ces choses n'existent pas dans l'absolu puisque, même pour les idiots, le temps finit par passer, il suffit d'attendre, il transforme les jeunes en vieux, pays et gens, qu'on le veuille ou non) : plus de la moitié de ma vie. Si j'étais née en 1973 je serais déjà une adulte, une jeune femme de vingt-cinq ans. Mais voilà, ah, c'est là que le bât blesse, je ne suis pas née en 1973 et ce n'est pas, mais alors pas du tout la même chose que de passer dans un pays les vingt-cinq premières ou vingt-cinq autres années de sa vie.

Le Nord, le Grand Nord a laissé sur moi sa marque indélébile.

A quoi ressemble cette marque, de quelle nature est-elle ? En quoi suis-je encore l'enfant de mon pays ? *En tout* : pour la simple raison que j'y ai passé mon enfance. Or rien ne ressemble à l'enfance. On n'en a pas deux, et, quoi qu'on en dise, même avec la maladie d'Alzheimer, on n'y retombe pas.

Même si je vis en France depuis plus longtemps que, par exemple, mes enfants (haha, ça va de soi), je ne serai jamais aussi française qu'eux. Dans la famille, tout le monde est français mais, c'est comme l'égalité, il y en a qui sont plus français que d'autres. (Nés en France, les rejetons d'une Canadienne et d'un Bulgare sont français sans problème et sans complexe, grâce au taux relativement bas de mélanine dans leur pigmentation. Il est évident que la progéniture française d'une Togolaise et d'un Cambodgien aura plus de mal à se sentir chez elle chez elle.)

"Vous sentez-vous française maintenant ?" me demande-t-on souvent. (Les

expatriés : éternellement exposés aux
questions stupides.)

Cela voudrait dire quoi, se sentir français ? A quoi le reconnaîtrais-je, si ça
devait m'arriver un jour ?

On peut conférer aux êtres d'origine
étrangère la nationalité française, les
"naturaliser", comme on dit pour les ani-
maux que l'on empaille, on peut leur
donner des diplômes français, des hon-
neurs français, voire l'immortalité française... Ils ne seront jamais français
parce que personne ne peut leur donner
une enfance française.

Donc, non.

(Même *avec* une enfance française,
il y en a, et pas un petit nombre, qui
ont du mal à se sentir français ! C'est
dire !)

*L'enfance, proche ou lointaine, est
toujours en nous.*

Il y a quelques semaines, je me suis
fait conduire à une bibliothèque de
banlieue par l'époux d'une des personnes qui m'y invitaient. Celui-ci,
qu'on avait probablement gavé de mes
livres contre son gré, éprouva le besoin
de m'avouer, entre deux conversations
sur son cellulaire, ne pas se sentir concerné par ce que j'écrivais.

"L'avortement et l'infanticide, dit-il, c'est quand même des thèmes typiquement féminins.

— Je comprends, acquiesçais-je, que vous puissiez ne pas être touché par ces thèmes en tant qu'homme… Mais en tant qu'enfant, tout le monde est concerné, non ?

— Ha ! fit le monsieur, avec une pointe de méchanceté. Je doute qu'il y ait beaucoup d'enfants qui lisent vos livres.

— Non, non, rectifiai-je, je voulais dire *vous*, en tant qu'enfant.

— Mais je ne suis pas un enfant, moi ! protesta-t-il.

— Bien sûr que si, vous l'êtes ; on est tous nos âges à la fois, vous ne croyez pas ? L'enfance, c'est comme le noyau du fruit : le fruit, en grandissant, ne devient pas creux ! Ce n'est pas parce que la chair s'épaissit autour de lui que le noyau disparaît…

— Je suppose, lança alors mon interlocuteur excédé, qu'il est interdit de ne pas être d'accord…"

Pauvre homme, qui n'était qu'adulte. (Pauvre, je veux dire : volontairement appauvri.) Pas en exil, celui-là.

Les exilés, eux, sont riches. Riches de leurs identités accumulées et contradictoires.

En fait nous sommes tous multiples, ne serait-ce que pour cette raison-là : que nous avons été enfants, puis adolescents ; ne le sommes plus ; le sommes encore.

Ici je vais dire pour la première fois une chose que j'aurai maintes occasions de répéter par la suite, au point qu'on pourrait presque la décrire comme le leitmotiv, l'idée motrice, voire (Dieu m'en garde) le message de ce petit livre, ajoutons-y donc carrément des italiques : *l'expatrié découvre de façon consciente (et parfois douloureuse) un certain nombre de réalités qui façonnent, le plus souvent à notre insu, la condition humaine.* Le caractère totalement singulier de l'enfance, par exemple, et le fait qu'elle ne vous quitte jamais : difficile pour un expatrié de ne pas en être conscient, alors que les impatriés peuvent se bercer toute leur vie d'une douce illusion de continuité et d'évidence.

DÉSORIENTATION

L'EXIL GÉOGRAPHIQUE veut dire que l'enfance est loin : qu'entre l'avant et le maintenant, il y a rupture.

Une existence ici, *et* une là-bas. *Existence* : avec ce que ce mot implique de complexité quotidienne, de codes appris et maîtrisés, de systèmes de référence. Une langue, éventuellement (et c'est énorme, on y reviendra...). Mais dans tous les cas : un système politique, une cuisine, une musique, des manières, des coutumes, un argot, une Histoire, mille histoires, une littérature, ainsi de suite.

Ici, vous taisez ce que vous fûtes. L'enfance, les comptines, la nourriture, les écoles, les amis d'enfance, personne ne connaît, ce n'est pas la peine, vous n'allez pas les assommer en leur faisant un cours sur l'ouest du Canada, le protestantisme, les champs de blé, les chanteurs country, les puits de pétrole,

les trains de marchandises, les leçons
de piano, les cousins, les pique-niques,
les lacs de montagne, votre père, votre
mère, tout ce qui vous a formé, vous a
fait vous, ils l'ignorent et ce n'est pas
grave, vous dites-vous ; même si je
n'en parle jamais, je le garde quelque
part enfoui au fond de mon cœur, de
ma mémoire, je ne puis le perdre.

Là, vous taisez ce que vous faites.
Eh oui ! Ce que vous pensez, dites, lisez,
voyez dans la vie de tous les jours
depuis des décennies n'a aucun intérêt
pour les gens de chez vous. Parce
qu'ils ne connaissent pas, ce n'est pas
la peine, vous n'avez pas envie de leur
expliquer en long et en large Chirac,
Mitterrand, Duras, la place des Vosges
au petit matin, votre boulangère, votre
éditeur, France Culture, vos voisins du
Berry, vos amis, ce serait assommant,
et par où commencer, et donc vous vous
taisez, vous souriez, vous leur parlez
de Bill Clinton et de Philip Roth, du Fine
Arts Museum et du Boston Harbor, de
la vague de chaleur en Floride et des
télévangélistes, ainsi de suite, pourquoi
pas, vous connaissez cela aussi, plus
ou moins, et quand vous ne connaissez
pas il vous est toujours loisible d'écouter, ça ne fait pas de mal.

L'exil, c'est ça. Mutilation. Censure. Culpabilité.

Vous communiquez avec les autres en faisant appel soit à la partie enfant de vous-même, soit à la partie adulte. Jamais les deux à la fois.

Mais ici, mon petit refrain de tout à l'heure ne fonctionne pas. Au contraire. Ici l'expatrié est le dindon de la farce, le dernier à comprendre. Ce qui est évident pour tout le monde, il le découvre dans la stupeur blessée.

En effet, vous autres impatriés (de nos jours et sous nos latitudes, du moins) trouvez normal de vous affranchir progressivement de vos origines, des valeurs qu'on vous a inculquées dans votre jeunesse. Vous n'êtes nullement estomaqués quand, la quarantaine venue, vous constatez l'abîme qui vous sépare de vos géniteurs.

Nous, si. Ça nous choque parce que, les différences entre eux et nous, entre alors et aujourd'hui, on les avait toujours attribuées à l'exil, au changement de pays. L'abîme, dans notre esprit, n'était autre chose qu'un océan d'une superficie de 106 millions de kilomètres carrés.

Or cette fois, c'est vous qui avez raison.

Je pense à Annie Ernaux et aux beaux livres qu'elle a écrits (*La Place* en particulier) sur son éloignement du milieu social de ses parents. Me reviennent en tête des phrases comme celles-ci : "C'est le temps où tout ce qui me touche de près m'est étranger" ; "L'univers pour moi s'est retourné" ; "Je me sentais séparée de moi-même"…

L'autre jour, parcourant le manuscrit d'un roman canadien, je suis tombée en arrêt devant un passage qui décrit cette même sensation pénible de division :

"[Delaney] ne savait pas se sentir à l'aise dans le lieu où il avait grandi. Il ne savait pas rendre visite à ce qui, jadis, avait été son chez-soi. C'est impossible de rendre visite à son chez-soi. Il avait laissé là-bas certaines parties de lui-même, non parce qu'il avait envie de s'en débarrasser mais parce qu'il ne savait comment les amener avec lui. En rentrant à la maison, en retrouvant le marais, il avait l'impression de voir un petit enfant miséreux qui lui tendait la main, la paume tournée vers le haut. Il ne savait comment y répondre. Il ne savait pas ce que voulait cet enfant (…).

"Ensuite le processus se retournait comme un gant, et il réintégrait l'université

pour trouver les parties de lui-même
qu'il ne pouvait amener avec lui dans
le marais…" (Matthew Manera, *A Tur-
ning of Leaves.*)

L'exil social veut dire qu'entre un versant de votre vie et un autre, il y a solu-
tion de continuité. Les deux versants
forment deux mondes, et ces deux
mondes sont non seulement dissemblables mais hostiles et hiérarchisés. Il
y a peu de points d'intersection entre
eux, et vous en êtes un. Vous faites
l'aller-retour de l'un à l'autre, comme
Delaney, comme Annie Ernaux, et ça
vous rend malheureux.

Or un exil peut en cacher un autre.
La discontinuité géographique peut
dissimuler, des années durant, une discontinuité sociale. Par commodité, pour
ne pas faire de vagues, vous justifiez
tous les malentendus entre vous et
votre famille par le "choc des cultures",
la difficulté d'expliquer l'une dans les
termes de l'autre. Mais, insensiblement,
votre âme aussi, et pas seulement votre
corps, s'est éloignée de son point de
départ. Et un jour il vous faut reconnaître que vous ne partagez plus les
valeurs de ceux qui vous ont engendré,
ceux qui vous ont parlé, chanté, choyé,
nourri dans la chaleur et la complicité

de la maison familiale. Quand bien
même vous ne vous seriez initié à aucun idiome étranger, vous ne parlez
plus leur langue.

Jusqu'au mois de juillet dernier, je
ne m'étais pas rendu compte que mon
exil à moi était social *aussi*. Qu'il ne
s'agissait pas seulement d'une coupure
entre l'Europe et l'Amérique mais entre
deux milieux, deux systèmes de valeurs…
Pourtant j'ai été profondément heu-
reuse, cet été, avec mes parents et
leur descendance nombreuse dans le
New Hampshire. J'ai passé dix jours
dans un immense mensonge jubilatoire,
à me dire que j'avais quinze et non
quarante-cinq ans. Tout convergeait
pour m'encourager et m'approuver
dans ce mensonge. Quand nous avions
quitté l'Alberta pour venir nous installer là en 1968, c'était l'été, comme maintenant. Il y avait le même soleil ardent,
la même pureté de l'air et de l'eau, la
même beauté généreuse de la forêt :
somptueux mélange d'érables, de sapins
et de bouleaux… Trente années se sont
écoulées, mais mon lycée bucolique est
toujours là, au fond des bois, et les élèves
hirsutes qui y traînent pourraient être

les hippies de ma promotion à moi, celle de 1970... Les mêmes panneaux scandent nos trajets en voiture : "Maïs à vendre", "Parc national", "Pommes, Cidre, Sirop d'érable", "Protégez nos enfants"... Mes parents viennent de réaménager dans la maison qu'ils ont habitée de 1974 à 1988, et je circule dans leur cuisine avec une sensation grisante de familiarité, ouvrant les tiroirs pour y trouver, à leur place éternelle, couverts et serviettes, cartes à jouer et allumettes... Du matin au soir, alors que nous retapons ensemble la maison, la radio passe des Golden Oldies – *Mr Postman, Hey, Jude, Take a Walk on the Wild Side* – tubes des années soixante et soixante-dix dont les paroles me viennent naturellement aux lèvres. Certes, mon mari et mon fils sont là pour me rappeler que je ne suis plus une nymphette – mais, grâce à l'ambiance estivale, vacancière, nous évoluons tous dans une ambiance irréelle : légers, souriants, neutres, vêtus de shorts et de maillots, délestés de nos rôles habituels.

Entourée, donc, de cette famille nombreuse en amont et en aval, je vais me baigner dans les mêmes lacs que trois décennies plus tôt ; en voiture, mon père à mes côtés, je conduis sur le même

lacis de petites routes goudronnées où,
mon père à mes côtés, j'ai appris à conduire à l'âge de dix-sept ans ; au State
Park, nous grillons hot-dogs, hambur-
gers et brochettes de légumes sur un
feu de camp qui ressemble à s'y mé-
prendre aux feux de camp de ma jeunesse. De même, je n'ai aucun mal à
me sentir de plain-pied dans la conversation familiale ; tout m'est proche,
facile, reconnaissable.

Facile, toutefois, à une condition :
que je passe sous silence le fait que
depuis un quart de siècle j'ai une vie
de l'autre côté de l'océan, une vie dans
laquelle je parle une autre langue et
écris des livres dans cette langue.

C'est facile, oui…

Et traumatisant.

Car au fond. Si votre propre famille
ignore tout de votre vie – sa forme,
son contexte, ses préoccupations, ses
passions, ses ambitions et ses espoirs…
peut-être n'est-elle pas si importante
que cela.

Allez-y, essayez de nous la décrire,
votre vie. On vous écoute. Qu'est-ce
qui vous paraît si palpitant, si extraor-
dinairement fascinant là-dedans ? Ah… ?
connais pas… connais pas… jamais entendu parler…

Qu'est-ce qui a de l'importance ?

Ça y est, vous commencez à perdre le nord.

Car même si, avec le passage des années, les communications s'étaient espacées, vos amis et parents de là-bas étaient toujours présents dans votre esprit comme les témoins imaginaires de votre vie d'ici. C'est à eux que, année après année, vous racontiez et expliquiez tout ce que vous faisiez. Dans votre tête, ils s'étonnaient, commentaient, posaient des questions et admiraient vos réponses... Ils épousaient votre regard et votre point de vue, s'émerveillant sans cesse de l'aisance avec laquelle vous évoluiez dans ce monde étranger. (Oui : de façon paradoxale, tout en s'affranchissant plus radicalement de sa famille que ceux qui demeurent sur place, l'expatrié leur reste souvent inféodé sur le plan imaginaire. Il leur soumet ses choix, sollicite leur approbation, compte sur leur soutien.)

Mais la réalité – dure, comme les réalités ont tendance à l'être –, c'est que vous êtes pour ainsi dire absent de là-bas. Vos ex-proches ne perdent pas leur temps à vous imaginer dans votre nouvelle vie, quelle idée ! Ils n'imaginent rien du tout. Ils ne connaissent pas, donc ils s'en moquent. Ils ont d'autres chats à fouetter. Si vous figurez encore dans leur horizon mental c'est, sauf exception, de façon sporadique, éphémère, en pointillé. L'exception, quand vous avez de la chance, ce sont vos parents : il est rare qu'ils vous oublient tout à fait, ou que vous leur deveniez à cent pour cent indifférent ; votre place dans leur cœur, bien que vague, est garantie et grande ; elle ne peut être ni usurpée, ni abolie. Mais la règle, c'est quand même cette terrible et naturelle propension du vide à se remplir. Vous n'avez pas laissé, en partant, de trou béant. L'existence des autres, là-bas, est pleine comme un œuf.

Eh oui. C'est comme ça. Personne n'est impressionné par ce que vous faites. Depuis toutes ces années, persuadé d'épater une galerie lointaine, vous vous livrez à vos acrobaties devant une salle déserte.

Ça y est. Brusquement, irréversiblement, votre témoin intérieur s'évanouit.

Vous êtes seul.

LE MASQUE...

CHOISIR A L'ÂGE ADULTE, de son propre chef, de façon individuelle pour ne pas dire capricieuse, de quitter son pays et de conduire le reste de son existence dans une culture et une langue jusque-là étrangères, c'est accepter de s'installer à tout jamais dans *l'imitation, le faire-semblant, le théâtre*.

Certes, on peut avoir plus ou moins envie de se débarrasser des traits qui "trahissent" vos origines (ici je ne suis pas en train de parler, on l'a compris, des problèmes d'intégration dans les pays riches des ressortissants de pays pauvres). Je connais des Américains qui, tout en habitant la France depuis aussi longtemps que moi, cultivent sans gêne leur accent, leur blue-jean et leur hamburger, et sont acceptés et aimés par leur entourage avec toutes leurs "bizarreries" d'Amerloques.

Au fond, on n'apprend vraiment à connaître ses propres traits culturels qu'à partir du moment où ils jurent avec ceux de la culture environnante. En Alberta ou en Nouvelle-Angleterre je ne me sentais pas spécialement puritaine, mais lors de mes premières visites en Italie et en Provence, le rythme de vie méditerranéen m'a paru presque choquant. J'ai mis longtemps à apprécier la beauté spécifique du *farniente* : les apéritifs interminables, les trains en retard, l'inefficacité des bureaux de poste me mettaient hors de moi... Je trouvais que, dans l'air même que je respirais, soleil figues poissons sensualité sable musique mer, il y avait trop de douceur et de beauté – sans lutte, sans sacrifice, sans "mérite"... Oui : cela m'a permis de prendre la mesure de mon puritanisme.

Dans le théâtre de l'exil, on peut se "dénoncer" comme étranger par son apparence physique, sa façon de bouger, de manger, de s'habiller, de réfléchir et de rire. Petit à petit, consciemment ou inconsciemment, on observe, on s'ajuste, on commence à censurer les gestes et les attitudes inappropriés... Mais le plus gros morceau, si l'on aspire à se fondre dans la masse d'une population nouvelle, c'est bien évidemment la langue.

Certes, l'apprentissage de la langue maternelle se fait lui aussi par imitation, mais on ne le sait pas. On n'a que ça à faire ! Aucun bébé ne commence à ânonner ses "baba", ses "mama" et ses "dodo" avec un accent. Grammaire et syntaxe s'acquièrent par tâtonnements mais, une fois acquises, sont inamovibles, coulées dans le bronze des "premières fois".

Rien de tel chez l'étranger, qui débarque encombré de ses lourds bagages accumulés sur deux ou trois décennies de vie neuronale. Avec ses ornières creusées, ses habitudes endurcies, ses synapses rodées, ses souvenirs figés, sa langue devenue inepte à improviser, il est condamné à l'imitation consciente.

Parfois il obtient d'excellents résultats : en effet, pour peu qu'il ait des dons de comédien, l'imitation peut être tout à fait convaincante. Cela existe, les étrangers qui réussissent à "passer", comme ces Noirs américains, quarterons ou je ne sais quel est l'horrible terme exact, qui s'enorgueillissaient naguère de "passer" pour Blancs. Toutes choses étant égales par ailleurs, les femmes (quand elles s'y appliquent, quand ce ne sont pas des Turques enfermées dans leur maison allemande par leur mari tout aussi turc) y arrivent mieux que les hommes. Les femmes sont des comédiennes-nées. Elles ont l'habitude de s'adapter ; cela fait partie de leur identité de femme.

L'étranger, donc, imite. Il s'applique, s'améliore, apprend à maîtriser de mieux en mieux la langue d'adoption… Subsiste quand même, presque toujours, en dépit de ses efforts acharnés, un rien. Une petite trace d'accent. Un soupçon, c'est le cas de le dire. Ou alors… une mélodie, un phrasé atypiques… une erreur de genre, une imperceptible maladresse dans l'accord des verbes… Et cela suffit. Les Français guettent… ils sont tatillons, chatouilleux, terriblement sensibles à l'endroit de leur langue… c'est comme si le masque glissait… et vous voilà dénoncé ! On entraperçoit le *vrai vous* que recouvrait le masque et l'on saute dessus : Non, mais… vous avez dit "une peignoire" ? "un baignoire" ? "la diapason" ? "le guérison" ? J'ai bien entendu, vous vous êtes trompé ? Ah, c'est que vous êtes un ALIEN ! Vous venez d'un autre pays et vous cherchez à nous le cacher, à vous travestir en Français, en francophone… Mais on est malins, on vous a deviné, vous n'êtes pas d'ici… "Vous êtes d'origine allemande ? anglaise ? suédoise ?" Je le fais moi aussi, je l'avoue,

dès que je détecte un accent dans la voix
de quelqu'un, je le fais, tout en sachant
qu'ils en sont sûrement las comme
moi j'en suis lasse, qu'ils ont subi
dix mille fois ce même interrogatoire
débile, ennuyeux, blessant : "Vous êtes
allemand ? Non ? Hongrois ? Chilien ?"
Which country ? comme on dit en Inde.
Non seulement cela mais, dès que vous
la leur fournissez, cette information se
cristallisera dans leur esprit, se figera,
deviendra votre trait le plus saillant, *la
qualité qui, entre toutes, vous définit et
vous décrit.* Vous serez *la* Russe, *le* Néo-
Zélandais, *le* Sénégalais, *la* Cambod-
gienne et ainsi de suite (un magazine
respectable a récemment qualifié la
cinéaste Agnieska Hollande de "Polo-
naise de service" ; un autre a cru élé-
gant de commencer une critique d'un
de mes livres par la phrase : "Elle est
morose, notre Canadienne")… alors que,
bien sûr, chez vous, votre nationalité
était l'air même que vous respiriez,
autant dire qu'elle n'était *rien.*

— Non, canadienne, dis-je en rou-
gissant violemment, prise en flagrant
délit d'étrangéité.

— Tiens ? Vous n'avez pas l'accent
québécois, pourtant…

— Non, c'est parce que j'ai appris la
langue française auprès de Français…

— Ah d'accord…

— Ceci dit, lorsque je suis au Québec, je prends un peu l'accent québécois quand même.

— Hm ! comme c'est curieux…

Mais non, ce n'est pas curieux, c'est normal.

J'essaie de vous faire plaisir, vous comprenez, peu importe qui vous êtes, j'essaie de parler *comme* vous afin de pouvoir parler *avec* vous, je fais de mon mieux… (Pour un peu, je me mettrais à pleurer…) Puisqu'il s'agit d'imitation, ici comme là, pourquoi défendrais-je jalousement mon accent parisien à Montréal, au lieu d'adapter mon parler à celui de mes chers compatriotes ?

En France, je me demande si je peux glisser dans mes phrases un mot anglais sans paraître snob… et sans paraître handicapée non plus. Tout dépendra de mon interlocuteur. Le même mot, la même phrase, provoqueront l'incompréhension chez l'un, l'agacement chez l'autre et, chez le troisième, un sourire complice.

Au Québec, en revanche (et contrairement à ce que l'on croit souvent), les conversations sont émaillées d'expressions anglaises, délicieusement ironiques. Mais elles sont volontaires, pas insidieuses (ce sont les insidieuses que

rejettent les francophones militants :
celles qui leur sont imposées de l'extérieur, celles qui émanent comme une
pollution de la toute-puissante Amérique anglophone, et que l'on absorbe
sans le savoir, sans le vouloir).

Donc à Paris je parle le parisien, au
Québec le québécois… Et dans le
Berry ? Non, je ne vais pas jusque-là. Je
ne m'évertue pas à imiter le patois berrichon de mes voisins paysans, j'aurais
l'impression de me moquer d'eux. Ceci
dit, j'adapte mon vocabulaire à ce que
je devine être le leur. Je fais attention à
ne pas employer de mots abstraits,
intellectuels, parisiens, canadiens, fémi-
nistes, livresques… Rien que des mots…
concrets, c'est ça ? Oh, et puis… on
peut très bien passer une soirée sans
ouvrir la bouche. Cela m'arrive souvent.

Là où d'autres ont un préjugé négatif, j'ai pour ma part un préjugé positif
à l'égard des individus à accent : déce-
ler des intonations étrangères dans la
voix de quelqu'un éveille en moi, de
façon instantanée, l'intérêt et la sympa-
thie. Même si je n'entre pas en contact
direct avec la personne en question, si
par exemple je suis en train de traverser

un jardin public ou de manger au restaurant – dès que j'entends une voix à
accent je tends l'oreille, j'étudie la personne à la dérobée en essayant de me
représenter l'autre versant de son existence, le versant lointain. Qu'il s'agisse
d'un Haïtien à Montréal, d'une Allemande à Paris ou d'un Chinois à Chicago, c'est tout un roman, quand on y
pense. "Ah… me dis-je, cette personne
est cassée en deux ; elle a donc *une
histoire*." Car celui qui connaît deux
langues connaît forcément deux cultures aussi, donc le passage difficile de
l'une à l'autre et la douloureuse relativisation de l'une par l'autre. Et ça a toutes
les chances d'être quelqu'un de plus
fin, de plus "civilisé", de moins péremptoire que les monolingues impatriés.

Même un être connu, un être proche, quelqu'un avec qui je suis en train
de discuter et qui, décrochant le téléphone, se met brusquement à parler
dans une langue pour moi opaque…
me bouleverse. Au fond, me semble-
t-il, l'étrangéité est une métaphore du
respect que l'on doit à l'autre. *Nous
sommes deux, chacun de nous, au
moins deux*, il s'agit de le savoir ! Et,
même à l'intérieur d'une seule langue, la communication est un miracle.
(Les xénophobes, avec leur message

d'identification, simpliste mais ô combien rassurante, cherchent au contraire à aplatir les aspérités et à diluer les nuances.)

Qu'ils soient prolos ou profs, les gens qui parlent vite et sans réfléchir – les êtres volubiles, garruleux, prolixes, bavocheurs, ceux qui se servent de quatre mots là où un seul suffirait – me sidèrent, toujours. Aujourd'hui encore, il m'arrive d'éprouver vis-à-vis de la parole orale un degré de *self-consciousness* qui relève de la torture. Plus la situation est formelle et intimidante, plus je suis susceptible d'avoir la langue qui fourche, me faisant dire un mot pour un autre ou commettre d'ahurissantes fautes de grammaire. D'où, sans doute, ma préférence pour l'écriture : là, au moins, j'ai droit au remords, à la biffure ou à l'incise. Là, de plus, mon accent ne s'entend pas.

Non seulement la langue étrangère décourage bavardages et péroraisons, elle empêche de se prendre trop au sérieux. Dans mon cas au moins, le fait de parler le français avec un accent, de "jouer" la francophone, me donne une distance salutaire par rapport à tous mes autres "rôles" dans l'existence, depuis celui d'écrivain jusqu'à celui de mère. Dès que je me mets en colère contre un de mes enfants, par exemple, mon accent empire et j'ai du mal à trouver mes mots : cela déclenche l'hilarité en face et, au bout d'un moment, je suis obligée de rire moi aussi.

… Alors il est où, le vrai soi ? Hein ? Si l'on arrache carrément le masque, à quoi ressemble le visage qu'il révèle ? Le problème, c'est que quand un visage humain passe plusieurs années sous un masque, il a tendance à se transformer. Non seulement il vieillit mais, à force de manquer de lumière et d'oxygène, il devient blême, flasque, bouffi.

Vous retournez *là-bas* et les gens n'en croient pas leurs oreilles. C'est *ça*, ta langue maternelle ? T'as vu l'état dans lequel elle est ? Mais enfin, c'est pas possible ! *Tu as un accent !* Tu n'arrêtes pas d'introduire dans ton anglais des mots français. C'est ridicule ! Tu fais semblant ou quoi ? Tu essaies de nous épater avec ta prestigieuse parisianité ? Allez, ça ne marche pas, on n'est pas dupes, on sait que tu es anglosaxophone comme tout le monde… Parle normalement ! Arrête de faire des fautes ! Arrête de chercher tes mots ! Tu les as, tes mots, tu les as avalés avec le lait maternel, comment oses-tu faire mine de les avoir oubliés ? Parle tout droit, enfin, parle naturel, parle anglais !!!!

Oui je veux bien… mais… *quel* anglais ? Là encore.

J'ai plein d'anglais maintenant, de même que j'ai plein de français.

L'anglais de Calgary, dans la région de Boston où habitent les trois quarts de ma famille, sonne bizarre et presque britannique. Bon, je suis capable d'imiter l'accent de Boston, s'il le faut… si vous aimez mieux… si ça peut vous mettre à l'aise… Ou celui du Bronx… La Nouvelle-Orléans, vous préférez ? Dites-moi ce qui vous arrange, j'essaierai de vous faire plaisir.

Je dispose de surcroît d'un anglais pédagogique, simplifié et archi-articulé, langue que j'ai enseignée des années durant au ministère des Finances à Paris. Personne ne parle cet anglais-là dans la vraie vie, mais il m'a bien fallu l'apprendre et je suis capable de le ressortir – quand, par exemple, des étrangers me demandent leur chemin à Manhattan.

On s'adapte. On fait ce qu'on peut. On devient fou.

Je me souviens du choc que j'ai éprouvé en entendant parler la poétesse américaine Sylvia Plath, dans une interview de la BBC réalisée quelques années avant son suicide. Elle vivait depuis trois ans à Londres – et sa voix, sans parvenir à choisir, vacillait de façon insoutenable entre l'accent aristo-intello londonien qu'elle était en train d'acquérir, avec ses *t* articulés et ses voyelles pointues, et l'accent plus arrondi, plus nasillard, de son Massachusetts natal.

Un peu, me suis-je dit à l'époque, comme une femme malhonnête qui se baladerait dans la rue avec la moitié de sa tronche grimée et l'autre nue, normale, intouchée. Maintenant, à ma grande consternation, je suis devenue moi aussi cette femme malhonnête. Quand je lis des extraits de mes livres devant un public anglophone, c'est avec un accent britannique à couper au couteau. Pourquoi diable un accent *britannique* ? Les bras m'en tombent. Les mots me manquent. Je n'ai même pas les excuses de Sylvia Plath. Je n'ai jamais vécu en Angleterre… Du reste, dans la bouche des autres, cet accent a pour moi des connotations plutôt négatives, de monarchie et de morgue. Serait-ce que… y compris dans ma propre

langue… je ne me supporte qu'étrangère, dotée d'un accent ?

Décidément, décidément, ce nord,
je commence à le perdre.

… ET LA PLUME

L'ÉTRANGER, disions-nous, est *celui qui s'adapte*. Or le besoin perpétuel de s'adapter qu'induit en lui une conscience exacerbée du langage peut être extrêmement propice à l'écriture. L'acquisition d'une deuxième langue annule le caractère "naturel" de la langue d'origine – et à partir de là, plus rien n'est donné d'office, ni dans l'une ni dans l'autre ; plus rien ne vous appartient d'origine, de droit et d'évidence.

D'où une attention extrême portée aux mots individuels, aux tournures, aux *façons* de parler. (C'est Proust, bien sûr, écrivain autochtone mais malade, retranché de la vie sociale, qui a porté cette conscience à l'incandescence. Proust n'est pas seulement un grand écrivain français, c'est le spécialiste inégalable *des* français. Comme Shakespeare pour l'anglais élisabéthain, il a réalisé, avec la précision maniaque d'un entomologiste, l'inventaire des mille et une langues françaises présentes dans l'Hexagone au début du XXᵉ siècle.) Formations et déformations lexicales, assonances et dissonances, traductions possibles et impossibles, étymologies, *nymes* de toutes sortes *syno, homo, anto… pseudo…* "Les noms, vous savez, disait Romain Gary… Tous des pseudonymes."

Certes, l'identité est toujours un leurre, y compris l'identité stylistique. Mais (qui tient le score ?) les exilés le savent mieux que les autres.

Le français que j'écris a tous les avantages et inconvénients d'une langue acquise. Que j'emploie de l'argot, ou des termes précieux, ou l'imparfait du subjonctif, ce sera toujours "de l'appris", employé et déployé de façon plus ou moins convaincante. Mes premiers textes en français, qui datent du milieu des années soixante-dix, fourmillent de calembours : signe des temps (Jacques Lacan et Hélène Cixous émaillaient alors leurs écrits de ce qu'ils appelaient des "jeux sur le signifiant") ; mais signe, aussi, de mon écoute pathologique de cette langue, l'écoute d'une étrangère, attentive plus qu'un natif aux frottements et aux coïncidences sonores. (Dans le titre de ma nouvelle "Histoire en amibe", entendez-vous "Histoire en abîme" ? Probablement pas, mais moi si ; et à l'époque je trouvais ça hautement spirituel. "J'ai envie de faire l'amère", "Jouer au papa et à l'amant", ainsi de suite, ainsi de suite, *ad nauseam...*)

Le style, a dit quelqu'un, est un mariage d'amour entre un individu et sa langue. Mais peut-on "épouser" une langue adoptive, faire corps avec une langue apprise par imitation consciente ? Et sinon... de quelle manière s'en servir ? Que je prenne pour modèle Marguerite Yourcenar de l'Académie française ou Michel Tremblay du Plateau Mont-Royal, cela revient au même : aucune de ces langues françaises ne m'appartient de droit. (Le moyen de m'exclamer sérieusement, dans un texte, "Parbleu !" ou "Tabarnak !") Camus et Sartre pouvaient encore écrire "je ne veux point", "il ne me plaît guère" ; ma plume à moi refuse de cracher de telles formules. Elle résiste même à manier le passé simple, qui lui paraît décidément trop guindé et prétentieux pour une fille des Prairies canadiennes, alors que mon cerveau maîtrise les conjugaisons

de ce temps raffiné depuis belle lurette.
Et, à propos, "belle lurette", est-ce un cli-
ché ? ou cela peut-il, à l'extrême rigueur,
passer ? Et ne devrais-je pas me relire
pour vérifier que toutes mes "rigueurs"
ne sont pas "extrêmes" ?

Beckett s'amusait souvent à ce petit
jeu, et il m'a toujours semblé qu'on ne
l'étudiait pas assez comme écrivain français anglophone, c'est-à-dire, entre autres,
comme explorateur intrépide et désopi-
lant des lieux communs. Car dans
une langue étrangère *aucun lieu n'est
jamais commun* : tous sont exotiques.
"Can of worms" était une banalité jusqu'à
ce que j'apprenne "panier de crabes" : ces
deux façons de dire un grouillement
déplaisant et inextricable me sont deve-
nues intéressantes en raison de l'écart
entre elles. Le bilinguisme est une
stimulation intellectuelle de tous les
instants. Beckett qui parle du "savoir-
crever" et se plaint d'être "condamné à
vivre", lui qui lance : "elle n'a pas été
réglée, la garce qui me déconnera",
construira toute son œuvre sur le rejet
de la grégarité qu'implique le fait même
de recourir au langage. "Je vais le leur
arranger, leur charabia", promet-il dans
L'Innommable… et il tient largement
sa promesse.

Qui suis-je, en français ? Je ne sais pas ; tout et rien sans doute. Quand je rencontre des lycéens, ils s'étonnent souvent des ruptures de style dans mes romans, les passages abrupts du style "soutenu" au style "familier". Pourquoi faites-vous cela ? me demandent-ils. Et je dois leur avouer que je n'en sais trop rien. Mais je dois le faire parce que ça me plaît, me réjouit… et qu'il est plus facile pour moi étrangère que pour eux autochtones de transgresser les normes et les attentes de la langue française. C'est une très grande dame, la langue française. Une reine, belle et puissante. Beaucoup d'individus qui se croient écrivains ne sont que des valets à son service : ils s'affairent autour d'elle, lissent ses cheveux, ajustent ses parures, louent ses bijoux et ses atours, la flattent, et la laissent parler toute seule. Elle est intarissable, la langue française, une fois qu'elle se lance. Pas moyen d'en placer une.

Je commence une nouvelle phrase et aussitôt, dans ma tête, elle bifurque, trifurque : vaut-il mieux écrire "est-ce que je cherche" ou bien "cherché-je" ? Peut-être "chercherais-je" ? Chercherais-je, alors, à me dépouiller de tout style pour atteindre à une "écriture degré zéro", selon la fameuse expression de

Roland Barthes ? Il est certain en tout
cas que Barthes lui-même, dont j'ai
suivi quelques années l'enseignement,
y est pour beaucoup (je lui en sais gré
et je le maudis) dans mon extrême
sensibilité pour ne pas dire sensiblerie
linguistique, ma méfiance qui confine
à l'allergie à l'égard des "syntagmes
figés" (hou là là !!), mon goût prononcé,
aussi, pour les parenthèses, les deux-
points, les points-virgules et les phrases
un peu trop longues.

Dans les séminaires et les livres de
Roland Barthes, la "reine" du grand
style français était systématiquement
destituée, décapitée, dépecée (même
si Barthes à son tour a élaboré un style
assez maniéré). Au lieu d'une confiance
excessive dans les richesses intrin-
sèques de la langue française, on affi-
chait une méfiance, tout aussi excessive
me semble-t-il maintenant, envers les
concepts codés qu'elle véhiculait. Oui,
elle durait et elle perdurait, "l'ère du
soupçon" qu'avait magistralement décrite
Sarraute dans les années d'après-
guerre. ("Enterrez la syntaxe, camarades, elle pue !" écrivait Bernard Noël
en 1975 ; ou encore : "Pas d'histoire,
tous au pourri !") Le verbe *écrire*, insis-
tait Barthes lui-même, doit être intransitif ; à bas l'écriture-outil, l'écriture

fonctionnelle porteuse de messages édifiants ; vive l'écriture pure et porteuse de plaisir, où forme et contenu sont mariés comme l'huile et le vinaigre dans une sauce. Bon nombre de ses étudiants, intimidés par la hauteur de cette mission, ont fait d'*écrire* un verbe si intransitif qu'il ne maculait même plus la page blanche. Ils avaient trop peur de glisser hors du degré zéro et de retomber dans le *style* – trahissant par là leur attachement aux valeurs bourgeoises, aussi honteuses qu'indéracinables !

Le plus important à l'époque, chez nous autres émules de Roland Barthes, était de prouver que nous étions malins, lucides, avertis, férus de théorie. Nous étions tellement entraînés à débusquer le mythe ou le présupposé politique derrière chaque énoncé – et tellement convaincus, par ailleurs, de l'absence de toute correspondance entre le discours et son objet – que la crédulité qu'exige le roman nous est devenue inaccessible. Barthes lui-même fit des rêves de roman, mais trébucha dès le premier obstacle qui se dressa sur son chemin : comment doter ses personnages de noms propres et, par la suite, faire semblant d'y croire ? Est-il possible de se duper à ce point ? Paralysé par son propre désir de comprendre le mouvement, tel le mille-pattes proverbial, il renonça à la fiction. Oui : quoi qu'on en dise, le roman requiert un acte de foi. *Est* un acte de foi.

Ce n'est pas un hasard si j'ai sauté le pas en 1980 : osant la fiction, enfin, quelques mois à peine après la mort de Roland Barthes. Mais c'était encore une fiction avertie, "intelligente", pas dupe n'est-ce pas, une fiction qui décourageait toute croyance naïve en son intrigue et ses personnages... Sans doute est-ce l'une des raisons pour lesquelles j'ai décidé, une dizaine d'années plus tard, de retourner à la langue anglaise. J'étais assoiffée d'innocence théorique ; j'avais envie de faire des phrases libres et dépenaillées, d'explorer tous les registres de l'émotion y compris, pourquoi pas, le pathétique, de raconter des histoires au premier degré, avec ferveur, en y croyant, sans redouter les commentaires narquois des barthésiens et autres pérequiens. A l'instar de l'"Ange du foyer" de Virginia Woolf, ils avaient commencé à me ligoter l'imaginaire, pour ne pas dire à me taper sur les nerfs.

Mais qu'ai-je découvert ? Eh bien (en voilà-tu, un beau début de phrase ben française de France !), l'aporie stylistique

ne concernait pas seulement ma langue d'adoption ; elle ruinait aussi ma
maîtrise de l'anglais.

Je l'avais délaissée trop longtemps,
ma langue mère ; elle ne me recon-
naissait plus comme sa fille. Tout
comme en français, la gamme entière
des possibilités m'était ouverte – il
m'était loisible d'imiter les tournures
aristocratiques d'un Henry James ou de
singer l'américain monosyllabique, fruste
et violent d'un Thomas Sanchez – mais
aucune mélodie ne me venait "naturellement" à l'esprit. Je n'allais tout de
même pas m'inventer porte-parole littéraire des Albertains (la place, du reste,
était occupée et on était loin de se
battre pour m'y installer) !...

Le problème, voyez-vous, c'est que
les langues ne sont pas seulement des
langues ; ce sont aussi des *world views*,
c'est-à-dire des façons de voir et de
comprendre le monde. Il y a de l'intra-
duisible là-dedans... Et si vous avez
plus d'une *world view*... vous n'en
avez, d'une certaine façon, aucune.

Enfin. J'ai poursuivi, cahin-caha, et
ça a fini par marcher, je ne suis pas en
train de me plaindre, j'ai maintenant
ma niche de part et d'autre de l'Atlan-
tique. (A ma surprise d'ailleurs, les livres
que je considérais comme "très français"

ont suscité de l'intérêt au Canada et, inversement, mon roman sur les cow-boys et les Indiens a mieux marché en France : comme quoi il ne faut jamais sous-estimer le pouvoir de l'exotisme !) Le plus grand vertige, en fait, s'empare de moi au moment où, ayant traduit un de mes propres textes – dans un sens ou dans l'autre – je me rends compte, ébahie : *jamais je n'aurais écrit cela dans l'autre langue !*

Et si je disposais d'une troisième langue – le chinois par exemple ? cela impliquerait-il un troisième imaginaire, un troisième style, une troisième façon de rêver ? Rilke en allemand, Rilke en français : deux poètes différents. Ou Tsvetaïeva, en russe et en français. Si Beckett avait opté pour le serbo-croate, aurait-il écrit *Fin de partie* et *Oh ! les beaux jours* ? Quel genre de roman aurait inventé Conrad s'il n'avait pas renoncé au polonais ? Et pourquoi Kundera a-t-il perdu son sens de l'humour en abandonnant le tchèque ? Ainsi de suite… *Qui sommes-nous, alors ?* si nous n'avons pas les mêmes pensées, fantasmes, attitudes existentielles, voire opinions, dans une langue et dans une autre ?

Aporie, une fois de plus.

Déboussolant, vous comprenez.

C'est par où, le nord ?

LE FAUX BILINGUISME

IL Y A BILINGUES ET BILINGUES. Les vrais et les faux.

Les vrais sont ceux qui, pour des raisons géographiques, historiques, politiques, voire biographiques (rejetons de diplomates), apprennent dès l'enfance à maîtriser deux langues à la perfection et passent de l'une à l'autre sans état d'âme particulier. Il arrive, bien sûr, que les deux langues occupent dans leur esprit des places asymétriques : ils éprouvent par exemple un vague ressentiment envers l'une – langue du pouvoir ou de l'ancienne puissance coloniale, langue imposée à l'école ou dans le monde du travail – et de l'attachement pour l'autre, langue familiale, intime, charnelle, souvent dissociée de l'écriture. N'empêche qu'ils se débrouillent, et fameusement.

Les faux bilingues (catégorie dont je relève), c'est une autre paire de manches.

Je ne sais pas à quoi ressemble un cerveau de vrai bilingue mais je vais essayer de décrire comment cela se passe pour un faux.

Quand les monolingues perçoivent un objet familier, son nom leur vient automatiquement à l'esprit. Pour moi, le nom qui vient dépend de la langue dans laquelle je suis en train de réfléchir. Parfois l'un des mots me vient, alors que c'est de l'autre que j'ai besoin. Parfois les deux affleurent, simultanément ou en succession. Mais parfois ça se complique, s'emballe, se bloque, et je m'en arracherais les cheveux. Si je me souviens de *bagpipes*, j'oublie *cornemuse* et vice versa ; il en va de même pour *chèvrefeuille* et *honeysuckle*. Il y a des mots qui refusent tout bonnement, que ce soit dans la langue maternelle ou dans l'adoptive, de faire le trajet de mon cerveau jusqu'à mes lèvres – des mots que je ne trouve jamais au moment où j'en ai besoin : *indigent*, par exemple. Et *empirique*. Il y a les faux amis bien sûr, qui s'annulent. Je finis par éviter de m'en servir, de peur de les confondre. *Ostentatoire. Ostentatious. Harassed. Harassé. Ostensiblement. Ostensibly.*

De façon générale, j'ai du mal à retenir en français les mots à usage sporadique qui nomment un objet précis, plutôt que de désigner un genre : je retiens *outil* mais non *clef à molette*, *ustensile* mais non *pelle*, *poisson* mais non *bar*, *oiseau* mais non *pivert*, *fleur* mais non *capucine*, *arbre* mais non *frêne*. D'autres mots français sont rangés dans mon esprit par grappes phonétiques. Il y a un tiroir à part, par exemple, pour les substantifs se terminant en "eau". Si je parle sans réfléchir, c'est comme si je fouillais au hasard dans le tiroir, et j'ai toutes les chances de sortir "tableau" ou "rideau" à la place de "plateau".

L'autre jour, en voyant par hasard le mot "perron" imprimé sur une page, j'ai eu un blanc. Bizarre, tout de même. C'est un mot dont je me suis souvent servie, que j'ai prononcé tant à voix haute qu'à voix basse, que j'ai même écrit, que je n'ai nullement délaissé ces derniers temps... comment a-t-il osé s'éteindre dans mon cerveau, même momentanément, pendant que j'avais le dos tourné ? Mais le fait est là : il ne me disait rien. Il ne *voulait* rien (me) dire. Un peu comme chez Louis Wolfson *(Le Schizo et les langues)*, plusieurs hypothèses se sont présentées en flash à mon esprit, depuis le *però* italien ("toutefois") jusqu'au *perro* espagnol ("chien") en passant même par la célèbre Evita Perón ; ces suggestions ont été rapidement écartées et, l'espace de quelques secondes, je suis restée avec un blanc inquiétant.

Ça ne s'arrange pas avec le passage des années, au contraire. Et comme je partage ma vie avec un transfuge d'une autre langue que l'anglais, il nous arrive de contempler avec effroi la perspective d'une vieillesse commune quasi autistique. Dans un premier temps, la langue française nous quittera peu à peu et nos phrases seront constellées de trous de mémoire : "Peux-tu aller me chercher le...... ? Tu sais bien, le truc qui est suspendu au....... dans le............ ??!" (Nous sommes frappés par la place spécifique que réserve notre mémoire aux *substantifs* : ce sont eux que, dans la langue étrangère, l'on perd en premier – de même que, dans la langue maternelle, tout un chacun voit se dérober avec l'âge les noms propres. C'est que, m'explique justement ce mari qui a quelques notions de linguistique, la *désignation* et la *prédication* sont deux activités différentes. Les substantifs sont pareils à des ancres qui nous rattachent fermement au sol du réel ; sans eux, nous dérivons à la surface de l'eau, ballottés par le vague des verbes et des adjectifs.) En fin de parcours, notre commune langue adoptive entièrement effacée, nous serons assis côte à côte dans nos rocking-chairs, à jaspiner du matin au soir dans notre langue maternelle respective.

Certains monolingues croient ingénument que, pour passer d'une langue à l'autre, il suffit de disposer d'excellents manuels et dictionnaires. Que nenni ! Ces outils sont même à peu près inutiles pour la communication courante. La prochaine fois que vous prenez les transports en commun, imaginez qu'un étranger se trouve à vos côtés et qu'il vous incombe de lui traduire, mot à mot, tout ce que vous entendrez au cours du trajet. C'est une tâche pour ainsi dire impossible. Ecoutez bien les gens. Que marmonnent-ils dans leur barbe ? "Putain il fait beau !", "Eh ben dis donc !", "M'en fous", "Pis quoi encore ?", "Ras-le-bol à la fin", "Bon ça y est, je me casse", "N'importe quoi !"... C'est lorsque ces mille syntagmes opaques deviennent enfin transparents que l'on commence à connaître réellement une langue.

Et encore : on ne la connaîtra *jamais* comme les natifs la connaissent. Il m'arrive encore, non pas chaque jour mais plus souvent que je n'aime à me l'admettre, de tomber sur un mot en français que je jurerais n'avoir jamais vu… alors que mes enfants, eux, le connaissent parfaitement. Comment cela est-il possible ? La mémoire des enfants est une éponge (le savoir y pénètre et s'y accumule), celle des adultes, une passoire (le savoir la traverse) !

D'autre part, ce n'est pas parce qu'on a appris un mot qu'on est capable de s'en servir…

Dîner avec des amis monolingues l'autre soir, A. et S. : très étonnés de m'entendre dire qu'il existe dans la langue française des mots, des façons de parler dont je suis, moi étrangère, incapable de me servir dans une conversation.

"Quoi par exemple ?

— Eh bien… le passé simple.

— Oh, ça ne compte pas, il n'y a que les académiciens qui se servent du passé simple en parlant ! C'est grotesque. Quoi d'autre ?

— Eh bien…, par exemple… : *Ça me gonfle.* Ça je ne peux pas le dire. Ou certains termes d'argot : des anglicismes comme *news, challenge, look* ; des abréviations comme *perso.*

— Oh, ça ne compte pas, ce n'est pas une question de langue mais de génération, de milieu…

— Alors *le cas échéant*, surtout avec la liaison : *le cazéchéant*. Ça, je ne peux pas le dire.

— Oh, ça ne compte pas, c'est une question de niveau de langue, c'est une expression légaliste…"

Et ainsi de suite. Ils ne me croyaient pas ! Ils ne comprenaient pas !… Alors que, bien sûr, eux aussi. Et vous aussi. Tous, nous incluons certains mots et tournures dans notre vocabulaire actif et en excluons d'autres. Seulement, l'exilé linguistique le fait après mûre, ardue, obsessionnelle pour ne pas dire paranoïaque réflexion.

Rien n'est plus pénible, pour la fausse bilingue que je suis, que d'avoir à "traiter" des messages dans les deux langues à la fois. Je le vis comme une lutte quasi physique à l'intérieur de mon cerveau : lutte d'où, que je le veuille ou non, la langue maternelle sort victorieuse. Il y a quelques mois je me trouvais avec une amie chez *Schwarz*, célèbre bistrot juif sur le boulevard Saint-Laurent à Montréal. Mon amie me faisait, en français et à voix basse, des confidences au sujet de son premier mariage. Vers le milieu du repas, sont venus s'asseoir à la table voisine quatre messieurs dans la force de l'âge, gros, gras et suffisants, de toute évidence des habitués de l'établissement, qui se sont mis à parler fort en anglais. Malgré mon désir ardent de me concentrer sur le récit fragile, précieux, hésitant, tremblant, cerné de larmes, des déboires conjugaux de mon amie québécoise, je n'ai entendu pendant le reste du déjeuner que des inanités anglophones. "Hey waiter ! Could you bring me the head of the bread ? Just tell the cook it's for me, he knows I'm crazy about it. The head's the best part, you know. Never eat anything but the head of the bread !" A la fin du repas je me suis rendu compte, atterrée, que je ne connaîtrais jamais l'histoire du mariage de mon amie : ce n'est pas le genre de récit dont on peut demander la répétition.

Depuis longtemps, je rêve, pense, fais l'amour, écris, fantasme et pleure dans les deux langues tour à tour, et parfois dans un mélange ahurissant des deux. Pourtant, elles sont loin d'occuper dans mon esprit des places comparables : comme tous les faux bilingues sans doute, j'ai souvent l'impression qu'elles font chambre à part dans mon cerveau. Loin d'être sagement couchées face à face ou dos à dos ou côte à côte, loin d'être superposées ou interchangeables, elles sont distinctes, hiérarchisées : d'abord l'une ensuite l'autre dans ma vie, d'abord l'autre ensuite l'une dans mon travail. Les mots le disent bien : la première langue, la "maternelle", acquise dès la prime enfance, vous enveloppe et vous fait sienne, alors que pour la deuxième, l'"adoptive", c'est vous qui devez la materner, la maîtriser, vous l'approprier.

Chaque faux bilingue doit avoir sa carte spécifique de l'asymétrie lexicale ; pour ce qui me concerne, c'est en français que je me sens à l'aise dans une conversation intellectuelle, une interview, un colloque, toute situation linguistique faisant appel aux concepts et aux catégories appris à l'âge adulte. En revanche, si j'ai envie de délirer, me défouler, jurer, chanter, gueuler, me laisser aller au pur plaisir de la parole, c'est en anglais que je le fais. Tout mon français, en d'autres termes, doit se trouver dans l'hémisphère gauche de mon cerveau, la partie hyper-rationnelle et structurante qui commande à ma main droite, alors que ma langue maternelle, apprise en même temps que la découverte du corps, la maîtrise des sphincters et l'intériorisation des interdits, est répartie entre les deux hémisphères (la droite, plus holistique, artistique et émotive, est donc entièrement anglophone).

Très récemment, après un débat sur l'exil et le changement de langue dans la ville d'Ajaccio, une Ecossaise est venue me parler en aparté. "J'ai épousé un Corse, me dit-elle, et voici plus de vingt ans que j'habite ici. Nous avons quatre enfants. Je parle le français constamment et couramment, sans problème… Mais, comment dire… elle ne me *touche* pas, cette langue, et ça me désespère." Elle en avait presque les larmes aux yeux. "Quand j'entends *bracken, leaves, fog*, je vois et je sens ce dont il s'agit, les couleurs ocre et marron, les odeurs de l'automne, l'humidité… alors que si on me dit *fougère, feuilles, brouillard*, ça me laisse de glace. Je ne sens rien."

Oui. Parce que cette femme, pas plus que moi, n'a jamais intégré à sa chair de petite fille (comme l'ont fait tous les Français, y compris mes propres enfants) les berceuses, blagues, chuchotements, comptines, tables de multiplication, noms de départements, lectures de fond depuis les *Fables* de La Fontaine jusqu'aux *Confessions* de Rousseau.

"Et de même, poursuivit cette Ecossaise devenue corse ou cette Corse d'origine écossaise, alors que dans ma langue maternelle je suis d'une pudeur presque maladive, osant à peine aller jusqu'à murmurer *God* quand je suis vraiment hors de moi, en français les pires obscénités franchissent mes lèvres sans problème. Dire *putain, salope, enculé de ta mère*, ça ne me fait ni chaud ni froid."

Là aussi, je comprenais très bien ce qu'elle voulait dire. Mon mémoire de sémiologie, rédigé justement sous la houlette de Roland Barthes, avait porté sur cette question aussi sérieuse qu'épineuse : l'interdiction linguistique. Les jurons français (gros mots, blasphèmes et injures) m'étaient certainement plus accessibles comme objet de savoir qu'à la plupart des autochtones, dans la mesure où ces mots n'avaient pour moi aucune charge affective particulière. *Foutre* ou *fastueux* : l'un m'était aussi étranger que l'autre ; les deux me venaient du dictionnaire.

Oui, je crois que c'était là l'essentiel : la langue française (et pas seulement ses mots tabous) était, par rapport à ma langue maternelle, moins chargée d'affect et donc moins dangereuse. Elle était froide, et je l'abordais froidement. Elle m'était égale. C'était une substance lisse et homogène, autant dire neutre. Au début, je m'en rends compte maintenant, cela me conférait une immense liberté dans l'écriture – car je ne savais pas par rapport à quoi, sur fond de quoi, j'écrivais.

Mais d'un autre côté (et pour les mêmes raisons), j'avais presque *trop* de liberté à son égard. La langue française ne m'était pas seulement égale, elle m'était indifférente. Elle ne me *disait* rien, pas plus qu'à l'Ecossaise. Elle ne me parlait pas, ne me chantait pas, ne me berçait pas, ne me frappait pas, ne me choquait pas, ne me faisait pas peur. Elle n'était pas ma mère.

De manière fortuite, il se trouve que l'apprentissage de la langue française a coïncidé dans ma vie avec la découverte du clavecin (1971). Et que, deux ans plus tard (1973), l'abandon de ma langue maternelle a été accompagné d'un abandon analogique du piano. Ce paradigme secret, aberrant peut-être, me forme et me déforme depuis un quart de siècle. *L'anglais et le piano* : instruments maternels, émotifs, romantiques, manipulatifs, sentimentaux, grossiers,

où les nuances sont soulignées, exagé-
rées, imposées, exprimées de façon
flagrante et incontournable. *Le français
et le clavecin* : instruments neutres, intellectuels, liés au contrôle, à la retenue,
à la maîtrise délicate, une forme d'expression plus subtile, plus monocorde,
discrète et raffinée. Jamais d'explosion,
jamais de surprise violente en français, ni
au clavecin. Ce que je fuyais en fuyant
l'anglais et le piano me semble clair.

L'INNÉ, L'ACQUIS ET L'INNÉ

CELA FAIT LONGTEMPS que je travaille (écris, réfléchis, parle) contre le modèle sartrien de l'auto-engendrement, du "tout culture", du *je me choisis, moi, adulte, rationnel, souverain, entièrement libre et autonome*. Sartre avait en horreur la nature, l'hérédité, la reproduction, tout ce qui ressemblait de près ou de loin à un lien imposé, prédéterminé, enraciné dans la nécessité biologique. Il n'y a pas que Sartre, bien sûr ; il y a Kundera, Beckett, Kafka, toute la smala antikitsch : à bas les mères ! à bas l'amour familial le togetherness le smack smack papou prout prout les petits oiseaux qui gazouillent et le myosotis qui répand son parfum délicat jusqu'à l'horizon des vertes prairies. Vive au contraire la liberté la lutte le héros individuel, vive Oreste qui tue sa mère et fonde ainsi la pensée occidentale, vive la dépression le Prozac la conscience tragique le cerveau de l'homme seul face au non-sens vertigineux de l'univers qui tangue.

Sujet transcendantal, l'homme – ce qui s'appelle un homme d'après cette conception – se choisit. S'invente. "S'arrache", telle une mauvaise herbe dotée de mains, à la gangue des déterminismes. Ne désire transmettre que du savoir, et non des gènes, "façonner des âmes et non des corps", comme disait Beauvoir pour expliquer sa préférence de l'enseignement à la maternité (comme si les mères ne prenaient aucune part à la formation des âmes !). Or, il se trouve que non seulement la majorité des êtres humains deviennent parents : tous en ont. Etre ou avoir un parent, cela veut dire qu'on est lié à d'autres par des liens d'amour et de haine, des liens chromosomiques, des liens d'histoire.

Tous ces liens non choisis, "contingents", sont perçus par ces auteurs comme des cordes qui ligotent : "Dans la langue du plus petit peuple européen, en islandais, écrit Kundera dans *Les Testaments trahis*, la famille se dit : *fjölskylda* ; l'étymologie est éloquente : *skylda* veut dire : obligation ; *fjöl* veut dire : multiple. La famille est donc une obligation multiple. Les Islandais ont un

seul mot pour dire : les liens familiaux :
fjölskyldubönd : les ficelles *(bönd)* des
obligations multiples." L'illusion d'auto-
engendrement, de solitude et de souve-
raineté est grandement facilitée, on le
conçoit, par l'absence du père. Frap-
pant, quand on y pense : toute une génération de penseurs français – Sartre,
Camus, Barthes, Bataille, bien d'autres –
ont grandi sans père et donc "sans sur-
moi", légers, libres et indéterminés. Ne
traînant pas avec eux dans la vie les
bagages du passé, ils ont pu entretenir
l'agréable illusion d'évoluer dans un
éternel présent, renaissant à chaque
instant et destinés à l'immortalité. "Je
ne cesse de me créer", écrit Sartre dans
Les Mots, "je suis le donateur et la dona-
tion" ; ou encore : "Plutôt que le fils d'un
mort, on m'a fait entendre que j'étais
l'enfant du miracle." Tous, en somme,
rêvaient de n'être que les fils de leurs
œuvres…

Je travaille contre ce modèle et, en
même temps, il me ressemble assez.
En revêtant mon masque francophone,
en m'installant dans une culture étrangère, qu'ai-je fait d'autre que de me
choisir libre et autonome ? J'ai déclaré
aux miens : Je peux, veux, dois tout
faire toute seule. Sans votre aide, sans
vos conseils, sans votre jugement. Je

m'invente, jour après jour et année après année. J'entre dans cet autre milieu, cet autre pays sur lequel vous n'avez aucun regard, aucune prise, dont vous ignorez la langue, j'épouse quelqu'un d'un autre pays encore, et vous n'avez rien à y redire. Je voyage, me cultive, me transforme ! Mon corps est façonné par une nourriture qui n'est pas la vôtre, mon cerveau s'imprègne de lectures qui ne sont pas les vôtres, je me fabrique, je m'éloigne de vous, et vous n'y pouvez rien. Restez en contact si vous le souhaitez mais sachez que, de toute manière, vous m'avez perdue. Chaque fois que vous me reverrez, je serai méconnaissable.

Inconnaissable.

Et puis...

Vingt-cinq ans plus tard, en me coiffant un matin devant la glace, je vois... entre mes sourcils... deux petites rides verticales.

Les rides de ma grand-mère Huston. Elle avait tant froncé les sourcils, Granny, disions-nous, que les traces de son mécontentement restaient gravées, indélébiles, même lorsqu'elle souriait. Mais... moi, est-ce que je fronce les sourcils si souvent que ça ? Serais-je devenue sévère, critique et acariâtre comme Granny Huston ? Je n'en ai pas l'impression,

pourtant. Mais alors… elle non plus,
peut-être ? La poule et l'œuf : ma grand-
mère avait-elle des rides entre les sourcils
en raison de sa mauvaise humeur, ou
lui attribuai-je une mauvaise humeur en
raison de ses rides ? Ces stigmates
seraient-ils transmis de génération en
génération par les chromosomes Huston, indépendamment de la vie psy-
chologique du visage qui les porte ?
Mon Dieu… C'est terrifiant.

Arrivé à la quarantaine, l'inné commence à vous rattraper.

A vingt ans, avec un peu de disci-
pline et un peu de chance, on arrive à
composer soi-même son apparence.
C'est lisse, mince, soyeux et chatoyant,
revu et corrigé par le coiffeur et les
boutiques de mode : "on n'est que soi",
prétend-on ; on ne doit rien à personne !

Mais, vingt ans plus tard : mauvaise
surprise. Surgissent peu à peu, aussi
inexorables qu'irréfutables, les défauts
ataviques, justement ceux qui vous
repoussaient, enfant : les rides qui
donnaient à votre grand-mère cet air
grincheux, les cernes violets sous les
yeux de votre père, les poils faciaux
de votre grand-tante, les grains de
beauté de votre mère, les oignons aux
pieds de sa mère à elle, ainsi de suite.

Ah ! et si seulement l'inné voulait bien se contenter de reprendre votre *corps* ! Mais non, il veut l'âme aussi.

Ces attitudes chrétiennes – charité, miséricorde, pardon – que vous conspuiez, jeune révolutionnaire française intransigeante, aux yeux de feu – regagnent insidieusement du terrain.

Après une fréquentation trop longue de l'ironie systématique et superficielle, la sincérité – qui pendant de longues années était synonyme de naïveté, voire de bêtise – retrouve ses attraits.

Après avoir admiré l'exquise dentelle verbale d'un Pascal Quignard, vous éprouvez la soif de bonnes grosses histoires bien ficelées à la Jim Harrison.

Après avoir apprécié l'étiquette byzantine des trois verres et des six couverts, vous aspirez à un peu plus de simplicité à table : "Pass the ketchup !"

Après les circonlocutions vertigineuses de la politesse française (Vous voulez séduire M. de Nemours en faisant semblant de ne pas savoir qui il est, alors que, tout en ne l'ayant jamais vu avant cet instant, vous êtes autant au courant de son identité que lui de la vôtre, n'est-ce pas Mme de Clèves ?), on aspire à la franchise brutale des conversations américaines : "Combien tu gagnes ?"

Rameau et Couperin prennent soudain un air pâle et étiolé, et on se surprend à mettre sur le pick-up Johnny Cash ou Nat King Cole.

Tout ce que vous aviez rejeté, il vous faut maintenant le reconsidérer, peser le pour et le contre, reconnaître ses bons côtés.

Sartre Kundera Kafka Beckett et toute la smala antimarmaille… n'ont-ils rien remarqué, eux, en se regardant vieillir dans la glace ? Fils et pères de leurs œuvres, ont-ils réussi à entretenir toute leur vie l'illusion d'être des livres et rien d'autre ? Sartre a interrompu son autobiographie (intitulée justement *Les Mots* et divisée en "Lire" et "Ecrire") à l'âge de dix ans ; nous ne saurons jamais si, au moment de la rédiger, c'est-à-dire à l'approche de la soixantaine, il sentait en lui ou non la force des gènes, quelque chose comme un héritage physique, psychique, moral…

Que nous le voulions ou non, nous ressemblons corps et âme à nos parents, à nos grands-parents, au peuple dont nous sommes issus, à nos compatriotes… Ils nous déterminent : non en totalité, mais en partie. Etre juif ou noir, homme ou femme, pute ou voleur, canadienne ou française, *cela existe*, dans la réalité et pas seulement dans le regard des autres, et cela entraîne des conséquences. La contrainte, autant que la liberté, est partie intégrante de notre identité humaine.

En fin de compte, *nous ne sommes entièrement libres que dans nos désirs*, et non dans nos réalités. Or les uns sont aussi importants que les autres : oublier les limitations du réel est aussi grave et, me semble-t-il, presque aussi répréhensible, que d'oublier le vertige de l'imaginaire.

LA DÉTRESSE DE L'ÉTRANGER

FIN SEPTEMBRE 1959, pendant qu'à l'ouest du Canada mes parents divorçaient, la femme qui allait devenir ma belle-mère m'a amenée chez ses parents à elle en Allemagne, dans un petit village du nom d'Immerath. Le voyage fut une expérience interminable et violente : trois jours et trois nuits de train pour traverser le Canada, encore une journée pour descendre de Montréal à New York, et puis le bateau durant une semaine : une semaine de tempête ininterrompue (me sembla-t-il), une semaine pendant laquelle je ne pus rien avaler sans le vomir aussitôt. Ensuite, à nouveau, de longues heures de train entre Rotterdam et Cologne, et d'autres heures en voiture, Cologne-Mönchengladbach-Immerath, avant d'arriver enfin à destination…

Le soir de notre arrivée, dans la maison qu'occupait la famille de ma nouvelle

mère dans l'école du village où mon
nouveau grand-père était instituteur, ma
nouvelle grand-mère nous avait pré-
paré un festin : charcuteries diverses et
inouïes (langue, pâté de foie, fromage
de tête), salades de choux et de better-
raves, œufs au vinaigre, pains noirs,
fromages durs et miasmatiques... Absolument tout ce qui se trouvait sur la
table m'était étranger, pour ne rien dire
des gens assis autour de la table, ni de
la langue dans laquelle ils se parlaient... Etranger – *et aussi, pour cette
raison, menaçant.* Je ne sais le dire
autrement.

Me suis-je mise à pleurer ? Ce qui est
certain, c'est que j'ai gardé la tête baiss-
sée tout au long du repas, sans rien
toucher à ce que l'on mettait dans mon
assiette. Et Wilma, la jeune et jolie sœur
cadette de ma nouvelle mère, a compris que j'étais dans un sale état. Vers
la fin du repas, se levant subreptice-
ment, elle a enfilé son manteau et quitté
la maison. Une heure plus tard, alors
qu'il faisait nuit noire et que les convives s'étaient depuis longtemps dis-
persés, elle est revenue avec, sur le
visage, un sourire triomphal... et, dans
la main, une boîte de Kellogg's corn
flakes. Elle avait fait cinquante kilomètres en voiture pour les acheter.

Je crois que ce fut le meilleur repas de ma vie, ces banales céréales du petit déjeuner américain typique, avalées vers neuf heures du soir dans une cuisine étrangère, dans une maison étrangère, dans un pays étranger, à l'orée d'une existence nouvelle où j'allais devoir apprendre à vivre sans ma mère. Je voue à ma tante Wilma une reconnaissance éternelle. Peu importe que, depuis, cette jeune Allemande aux yeux noisette et au sourire asymétrique soit devenue une vieille folle qui erre seule dans sa maison parmi quatre-vingt-trois chats et leurs déjections. Ce soir-là, elle sut comprendre qu'une fillette canadienne avait le besoin urgent qu'on lui offre quelque chose de familier.

Les gens vous disent : Ah ! quelle chance vous avez de pouvoir voyager ! Vous êtes allée en Inde, au Japon, au Mexique, à Tombouctou – comme je vous envie, c'est extraordinaire !

D'accord, aller dans un pays étranger, c'est souvent intéressant. Mais c'est, *aussi*, déstabilisant. Angoissant. Déboussolant. Je ne sais pas comment on fait pour l'oublier. Chaque fois que je traverse une frontière, je me rappelle : Ah oui.

C'est comme ça, encore. La détresse de l'étranger. Je suis une femme mûre maintenant : dans la rue, même en Italie et en Espagne, les hommes ont cessé de me suivre, de me frôler, de me reluquer, de me susurrer des saletés à l'oreille ; par ailleurs j'ai acquis mille formes de confiance et de savoir-faire, et pourtant... ça m'angoisse encore, le pays étranger.

Dès que je me trouve de l'autre côté de la frontière : la langue. Mur opaque. Etres impénétrables. Ils rient, on ne sait pas pourquoi. Ils se fâchent, s'excitent, s'interpellent, on ignore de quoi il s'agit. Ce n'est pas loin d'être cauchemardesque, quand on y pense. Même si l'on ressemble physiquement aux autochtones, ce qui n'est bien sûr pas toujours le cas, on est vite repéré. Il suffit qu'on prononce un seul mot et ils le savent : on n'est pas d'ici. *"Je..."* Non. Pas *je*. Trouvez autre chose. On est bâillonné. On balbutie, on bégaie, on ne sait rien dire du tout. On sort son Guide vert, on feuillette les pages "expressions courantes", on ânonne quelques syllabes et les gens ricanent, vous regardent de travers. On est débile.

A Paris c'est pareil, pour peu que vous écorchiez le français. Les gens

qui ne parlent aucun mot d'aucune
langue étrangère – et qui, pour cette
raison, au fond d'eux-mêmes, considè-
rent le français comme une langue
"naturelle", "donnée", "révélée" – sont
particulièrement susceptibles de s'éton-
ner devant vos malheureux efforts pour
vous débrouiller dans leur langue. Vous-
même en connaissez sept ou huit autres,
si ça se trouve, mais si vous négligez
d'accorder un adjectif à son substantif,
gare à vous ! Ils prendront le même air
condescendant, légèrement apitoyé
mais en même temps agacé ("Tout de
même, vous le faites exprès ?"), que si
vous aviez porté à l'oreille une four-
chette chargée de purée.

    A l'étranger, on est enfant à nou-
veau, et dans le pire sens du terme :
infantilisé. Réduit à l'*infans*, c'est-à-dire
au silence ; privé de parole. Totalement idiot et impuissant ! (La langue
anglaise le dit bien, qui fait converger
dans le mot *dumb* le mutisme et la
bêtise.) Il n'y a plus que la vie pra-
tique, dont chaque menu détail est une
montagne. Où se trouve le bureau de
poste, comment fonctionnent les télé-
phones, qu'est-ce que c'est que toutes
ces pièces de monnaie, on ne sait rien,

rien, combien devrais-je payer pour un rickshaw, est-ce que je suis en train de me faire avoir, pourquoi rit-il, que racontent les journaux, je veux mes corn flakes ! MAMAN !!!

En Pologne, une fois, je me souviens, j'ai posé une question en anglais à un vieux monsieur dans la rue. Il m'a regardée sans comprendre et m'a répondu en polonais, j'ai évidemment pigé que dalle, du reste à bien le regarder il avait l'air complètement con ce type, son visage avait un air buté et borné, il était l'incarnation même de la stupidité, je commençais à m'énerver quand soudain il a essayé le français – *le français ! le français !* des mots purs et transparents, simples, humains, sublimes ! ah oui ! d'accord ! je vous comprends, monsieur ! je vous adore ! Merci, merci !

Ne jamais oublier cette histoire. L'étranger est bête. C'est la langue française qui le dit bien cette fois, en le rapprochant de l'étrange.

Barbare : *"étranger, étrange, ignorant*, dit le dictionnaire. *Base échoïque : barbar, utilisé pour le parler inintelligible des étrangers."* Est stupide, et menaçant, celui avec qui vous ne pouvez communiquer par les mots. Et on a beau faire de lyriques laïus sur la

musique-langue-universelle, l'harmo-
nie des sphères, la communication des
cœurs, la beauté du geste et je ne sais
quelles balivernes encore… les mots
restent tout de même imbattables comme
moyen de communication.

J'ai un rêve. Un rêve éveillé, en quelque sorte. Dans ce rêve, je suis immense et invisible comme Dieu. Je me
penche sur la France, j'attrape Jean-
Marie Le Pen par la peau du cou comme
un chaton et je le dépose dans un pays
étranger. (Lui qui répète à loisir : "Mais
si, mais si, nous aimons les étrangers…
chez eux !" Voire, donc.)
Dans ce pays, Jean-Marie n'a aucun
pouvoir. Il est comme vous et moi. Normal, nu. Enfin, habillé, mais sans uni-
forme. Il n'est le président de rien du
tout, il ne représente aucune autorité,
il n'a pas le droit de donner des ordres
ni de malmener les gens ni de toni-
truer devant des micros. C'est juste un
homme. Un peu bedonnant, un peu
laid, mais un homme quand même.
Etonnamment blanc et rouge de peau,
mais, bon, un homme. Il se trouve, donc,
lâché dans ce pays étranger, mettons
dans une petite ville au fin fond de la
Chine, de l'Inde, de l'Afrique, peu

importe, les possibilités sont légion.
Autour de lui les habitants de la ville
vaquent à leurs occupations, travaillent,
circulent, discutent… Et voilà, Jean-
Marie ne comprend rien à ce qui l'en-
toure. Je l'imagine, là, dans la détresse
de l'étranger, à se faire tout petit, tout
poli-poli-gentil. Un Le Pen terrifié, sou-
mis et obséquieux, essayant par tous
les moyens d'entrer dans les bonnes
grâces des autochtones. Où va-t-il bien
pouvoir dormir ce soir ? Comment
fonctionnent les hôtels ici – et d'abord,
existe-t-il des hôtels ? S'il vous plaît
monsieur… Excusez-moi… Parlez-vous
le français ? Non ?… Hô… tel ? Je suis
crevé, j'ai envie de dormir… Comme ça,
dormir, ropiche ! Et puis… j'ai faim…
J'ai l'estomac dans les talons… Les talons,
vous comprenez ? Là ! Non ? S'il vous
plaît… un restaurant ? Res… tau… rant ?

Jean-Marie Le Pen ne connaît pas un
chat dans ce pays. Il n'y a même pas
de tante Wilma pour aller lui chercher
un croissant au beurre.

C'est tout. C'est ça mon rêve. Comme
ça.

LA MOSAÏQUE ARROGANTE

ON M'ENVOIE UN ARTICLE paru au mois d'août 98 dans le *Toronto Star*, suite au triomphe de la France à la Coupe du monde de football. Vous pensez peut-être, dit en substance l'article, que l'enthousiasme des Français pour *Les Blues (sic)*, cette équipe black-blanc-beur, reflète une politique globale de générosité et de tolérance raciales. Mais si vous pensez cela, eh bien, vous vous fourrez le doigt dans l'œil jusqu'au coude. "Le racisme est tout à fait vivant et bien portant dans la France contemporaine, en contradiction flagrante avec les idéaux de la Révolution de 1789. Il en ira ainsi jusqu'à ce que les Français se mettent à suivre le modèle canadien d'une véritable égalité multiculturelle pour tous les citoyens."

Ce que recouvre au juste le terme d'"égalité multiculturelle" n'est pas précisé. Cette formule n'étant pas mise entre guillemets, on peut supposer qu'elle fait partie de la sagesse commune. Ce qui se trouve entre guillemets, en revanche, c'est le mot d'étrangers. "Il y a plus de quatre millions d'«étrangers» en France", poursuit en effet l'article en question. Et d'enchaîner en brossant un tableau catastrophique de la situation de ces "étrangers", tableau où sont mélangés pêle-mêle les Beurs et les Maghrébins, les Kanaks et les Juifs.

Ce pays, le Canada, qui met le mot étrangers entre guillemets se trouve être un pays constitué presque exclusivement d'étrangers, un pays où le mot n'a aucune fonction discriminatoire parce qu'il désigne n'importe qui et tout le monde. En 1789, lors de cette fameuse Révolution que loue le *Toronto Star*, le Canada avait encore soixante-dix-huit années à attendre avant sa confédération.

Avons-nous demandé aux Indiens et aux Inuits s'ils étaient d'accord avec nos idéaux "multiculturels", avant de nous approprier leurs terres pour y épanouir nos cultures à nous : la française, l'anglaise, l'irlandaise et ainsi de suite ? On a beau jeu, après, de nous féliciter pour notre absence de racisme.

Venez, venez ! Que vous arriviez du Sri Lanka, d'Ukraine ou d'Arabie Saoudite… Regardez, il y a plein de place ! Des millions d'hectares à votre disposition ! Installez-vous, faites comme chez vous, continuez à parler étranger à la maison tout en apprenant l'anglais (ou à la rigueur le français) pour la vie publique…

C'est cela, la mosaïque canadienne. Comme me l'écrit mon frère dans une lettre récente, "la conscience multiculturaliste imbue de paternalisme des Canadiens est l'équivalent, si paradoxal que cela puisse paraître, du nationalisme québécois : ce sont deux façons de se donner bonne conscience tout en se considérant supérieur à ceux qui sont perçus comme des aliénés".

Il est facile d'être "multiculturel", c'est cela que je veux dire, lorsqu'on n'a pas de culture propre.

C'est cela que je veux dire… et en même temps, en le disant, je me trahis en tant qu'émigrée, apostate de la nation, traîtresse du Grand Nord. Car cette vision du Canada, celle que j'ai, celle que je viens sarcastiquement de formuler, est fausse. Ce Canada-là est un pays entièrement "extérieur", officiel, artificiel, fait de discours publics et de volontarisme. Dans la réalité, je sais que le Canada est un pays où il fait bon vivre. La texture de la vraie vie que mènent les gens là-bas, au jour le jour, est riche et variée ; ils ont une littérature et un cinéma, du théâtre et de la danse de tout premier ordre ; ils ont un mode de vie et des façons de parler ; ils investissent d'amour et de soins leurs quartiers, leurs terres, leurs églises, leurs maisons, leurs cafés et restaurants préférés, or toutes ces choses constituent bel et bien une *culture*.

C'est parce que je l'ignore, cette culture, parce que je n'en suis pas, ne la sens pas, ne la goûte pas, ni puis la prendre à bras-le-corps, que je déclare – catégorique, lointaine, arrogante à mon tour : "y a pas".

Les raisins sont verts, en somme.

RELATIVEMENT RELATIF

QU'EST-CE QUI A DE L'IMPORTANCE ?
demandions-nous plus haut. (Oui
je sais : je me dis et puis je me contre-
dis. Je m'en fous et puis je m'en contre-
fous. Je cherche mes repères... alors
c'est normal, non, de tourner en rond
par moments ?)

Qu'est-ce qui a de l'importance ? Pour
le commun des mortels, la réponse à
cette question coule de source. Ce qui
m'importe, c'est ce qui m'est proche.
Une série de cercles concentriques avec
"moi" au milieu : ma famille, mes amis,
mes voisins, mon école, mes compatriotes. Ce qui me touche, c'est ce
qui me touche.

Pour l'expatrié, dans ce domaine non
plus, rien ne va de soi. Vos proches sont
loin. Dans un premier temps, vous continuez de penser énormément à eux,
et d'être affecté par tout ce qui leur

arrive. Vous faites de votre mieux pour supprimer la distance par le courrier, le téléphone, l'achat des journaux de chez vous…

C'est grâce aux *vicissitudes* que votre nouvelle vie se met à ressembler de moins en moins à un séjour à l'étranger et de plus en plus à la vie tout court. Tant que vous sillonnez le pays d'exil dans tous les sens, ébloui, émerveillé par la nouveauté de tout ce que vous voyez, vous n'êtes qu'un touriste parmi d'autres. Cela peut durer des semaines, voire des mois. On sort du tourisme le jour où l'on vit, en pays étranger, des formes nouvelles de souffrance et de spleen. (Lors de mon premier chagrin d'amour à Paris, certain mois de décembre, j'ai acheté dans une boulangerie et dévoré, tout en marchant dans les rues grises et glacées du XIIIe arrondissement, une tablette entière de chocolat Suchard. Cet instant est resté gravé dans ma mémoire et a probablement fait autant que la naturalisation pour me rendre française.)

Ensuite, peu à peu, on se rend compte que les communications avec "chez soi" ont commencé à s'espacer. Des amis d'ici sont venus prendre la place de vos amis de là-bas. Ce sont eux qui, dorénavant, vous posent les questions qui comptent : Ça va mieux, cette grippe ? Et votre patron, il va vous augmenter, oui ou non ? T'as lu ce que raconte *Le Monde* au sujet de… ? Qu'est-ce que tu fais ce week-end ? T'as vu ce temps dégueulasse ?

Vos amis d'antan se désintéressent de vous, et réciproquement. Pourquoi continuer à vous écrire si vous n'allez plus jamais partager vos existences ? Et puis, un jour peut-être, dans le pays étranger, vous fondez votre propre famille. Et les années continuent de passer. Vos parents vieillissent, vos frères et sœurs changent de boulot, de partenaire, font des enfants, se marient, divorcent, vous n'arrivez plus à suivre, certes vous enregistrez les faits mais vous ne vous y *identifiez* plus comme autrefois ; vous devez faire un effort volontaire pour partager leurs joies et leurs douleurs… là encore, l'inverse est vrai aussi.

Les étrangers qui vous entouraient à votre arrivée en France sont devenus vos compatriotes. C'est leur sort à eux qui vous tient maintenant à cœur, puisqu'il est devenu votre sort à vous. A force de les fréquenter, de lire leurs journaux et d'envoyer vos enfants dans leurs écoles, vous avez réussi peu à peu à les comprendre, à réagir comme eux, à vous mettre à leur place – et, pour finir, il n'y a même plus de "comme", vous *êtes* à leur place, vous êtes français, vous votez, dépouillez les votes, participez aux débats sociaux et politiques de la nation française... La vie politique de votre pays natal, dans la mesure (réduite) où la France en parle, vous paraît "exotique".

Culpabilisation, là encore : sentir que l'on s'est éloigné irrémédiablement, et que ce qui revêtait à vos yeux la plus haute importance ne signifie plus rien.

Qui est-on, alors ?

Relativisation. Forcée, forcenée. Vertigineuse.

Et, lorsque vous rentrez là-bas, lorsque vous passez quelques semaines chez vous, c'est-à-dire dans votre ancien chez-vous qui n'est plus du tout chez vous mais qui fait semblant de l'être et de vous accueillir comme si vous étiez "enfin de retour", vous n'entendez plus parler de la France. La France occupe une toute petite place dans les journaux, et dans l'esprit de vos amis. Une place colorée par des clichés (vin, mode, esprit, bonne chère, parfums, sophistication, superficialité) – clichés qui correspondent sans doute, comme les clichés le font en général, à des réalités, mais qui échouent absolument à évoquer votre réalité à vous, la trame complexe de votre vie française de tous les jours.

Personne n'a entendu parler de la dispute entre Toubon et Tiberi, ni du scandale Elf, ni du phénomène Houelle-becq, ni des problèmes de banlieue. Personne ne connaît la grève des lycéens, les grèves dans les transports, le déficit de la Sécurité sociale, la féminisation des noms de métier, la semaine de trente-cinq heures, le beaujolais nou-veau. Ils connaissent Depardieu, Le Pen et *basta* ; leur perception de la France contemporaine s'arrête là.

Que faut-il en conclure ? Que l'amour est relatif, la parenté, aléatoire, et le patriotisme, un attachement arbitraire ?

Qu'est-ce qui est important ? Oui je tourne en rond je sais, je vous l'ai dit, c'est bien là le problème. Mais je suis persuadée que tout n'est pas relatif – ou, du moins, seulement *relativement* relatif. Après de longues années passées à me débattre avec cette question, je suis parvenue à une espèce de réponse. Voilà, à ce jour, c'est ce que j'ai trouvé de mieux : *est important ce qui est tra-duisible*.

Vous n'avez pas besoin de vous figu-rer tel ou tel interlocuteur précis. Prenez un ami imaginaire de *là-bas*, idéalement bienveillant, intelligent, curieux, cultivé. Vous le posez là, dans un fauteuil confortable dans votre esprit, et vous entreprenez de lui raconter, dans sa langue maternelle, la dispute entre Toubon et Tiberi. Votre auditeur a beau hocher poliment la tête, vous sentez bien que ses sourires sont des bâillements travestis ; c'est donc que l'histoire a peu d'importance. Maintenant, prenez la querelle entre francophones et anglophones au Canada, et faites de votre mieux pour le rendre passionnant à un interlocuteur berrichon. Oui ? Vous y arrivez ? Alors c'est que cela a de l'importance. Mais si vous entrez dans les chamailleries entre différents leaders indépendantistes, vous aurez vite fait de perdre votre public. Ainsi de suite. Cela aide à faire la différence entre Cyclone Mitch et une tempête dans un verre de champagne.

Un bon livre, à la différence d'un pavé dans la mare, est presque toujours traduisible. Les vraies bonnes blagues aussi. Les gags des Guignols ravissent les Français aujourd'hui mais, d'ici un mois ou deux, même eux auront oublié ce qu'il y avait de si bidonnant. Woody Allen est comique parce que ses pitreries font rire aussi bien en hongrois qu'en anglais.

Toute douleur est traduisible, qu'il s'agisse du mal de dents d'une secrétaire dans l'Idaho ou d'une catastrophe naturelle comme les inondations en Chine.

Cela me paraît un assez bon critère.

La traduction peut par ailleurs servir de *protection* dans des moments de détresse : par exemple quand vous vous trouvez dans une soirée de persiflage "typiquement français", où il s'agit de manifester de l'esprit en se moquant de tout et en s'évertuant à ne rien montrer de soi. Si cela vous fait souffrir – soit que vous n'arrivez pas à jouer à ce jeu, soit que vous y jouez mais en vous détestant –, il suffit de vous mettre, *in petto*, à tout traduire dans votre langue pour vous sentir tout de suite mieux : vos amis imaginaires seront aussi consternés que vous par cette méchanceté gratuite.

Mais il y a un hic. Il y a toujours un hic. Eh oui ! Vous l'avez deviné. C'est que les interlocuteurs réels sont infiniment moins patients, polis et disponibles que les interlocuteurs imaginaires. Ce n'est pas sûr que, même traduites, et même bien traduites, ils les trouvent palpitantes, vos préoccupations. Alors voilà.

Il vous reste toujours l'écriture.

LES TROIS BELLES-FILLES

Comme nous l'avons déjà souligné à propos des accents, les femmes ont, plus souvent que les hommes, une conception souple de leur identité. Depuis toujours elles ont été obligées de s'adapter ; elles en ont l'habitude ; elles s'adaptent. En se mariant, elles doivent pouvoir envisager de changer non seulement de nom (et c'est énorme ! Vous rendez-vous compte, vous les hommes ? Songez à tout ce que, sur le plan symbolique et affectif, vous investissez dans votre patronyme et imaginez l'effet que ça vous ferait d'en changer : une, deux, voire plusieurs fois au cours de votre vie adulte !) mais éventuellement d'allégeance aussi, de religion, de patrie, de langue… Elles savent donc toutes ces choses relatives et non absolues.

Un homme s'identifie plus volontiers, et avec plus d'aveuglement. Il est prêt à

tuer et à mourir pour ce qu'on lui dit
être *lui, à lui* ; son nom, son honneur,
son pays. Une femme sait son identité
violable, modifiable. Elle sait que, de
sabine, elle peut d'un jour à l'autre devenir romaine. Que ses fils peuvent
combattre ses frères. Que l'être de sa
naissance est susceptible de changement, dans toutes ses données fonda-
mentales.

Moi, Canadienne anglaise de l'Ouest,
destinée à épouser par exemple un
professeur à l'université de Calgary, il se
trouve que j'ai eu trois belles-mères.
(Déplorons ce défaut, pour ne pas dire
cette perversité, de la langue française
qui m'oblige à employer, ici, pour désigner les mères de mes compagnons, le
même mot de *belle-mère* qui, plus haut,
évoquait l'épouse de mon père : deux
personnages, pourtant, on ne peut plus
dissemblables !) Trois femmes plus ou
moins âgées, face à qui j'ai gardé un
silence respectueux, trois femmes
généreuses qui m'ont reçue dans leur
maison comme l'épouse (ou quasi) de
leur fils, et qui m'ont traitée avec la
chaleureuse simplicité que l'on réserve
aux membres de la famille la plus
proche.

La première, une personne obèse et bourrue sans métier autre que celui de mère juive, habitait une belle maison cossue dans le West Bronx, aux Etats-Unis ; la deuxième, institutrice petite-bourgeoise à la retraite, militante laïque et socialiste, habitait un lotissement tristounet dans une banlieue de la ville de Bourges, en France ; la troisième, ex-bibliothécaire de santé fragile, effacée et altruiste, habitait une sympathique maison en bois dans les environs de Sofia, en Bulgarie. Je me suis extasiée, tour à tour, devant leur carpe farcie, leur rosbif haricots, leur *guvetch*. J'ai hoché la tête, riant et soupirant aux moments appropriés, en les écoutant se souvenir de mon homme petit garçon.

Si je pus être tout cela (et je le pus, et de nos jours ce n'est pas très exceptionnel), de quelle identité ai-je encore le droit de me réclamer ? La réponse n'est pourtant pas "toutes et n'importe lesquelles". Je ne me suis installée ni à Sofia ni dans le Bronx, mais à Paris. Je suis française parce que je partage complètement l'existence des Français. Mais j'ai sur les souchistes ce petit avantage : je sais que "être français" est une identité parmi d'autres, la résultante de mille hasards géographiques et historiques ; je mesure ma chance, et je mesure ce qu'il reste à faire.

LA MÉMOIRE TROUÉE

IL Y A UN TERRAIN SACRÉ, se dit-on. Il y a une partie au moins de mon être que l'on ne peut ni envahir ni dénaturer, et dont on ne peut jamais me déposséder : c'est ma mémoire.

(Tous, nous avons lu ces impressionnants récits d'hommes en captivité, qui, pour ne pas devenir fous, s'appliquaient à se remémorer les noms de tous leurs camarades de classe à l'école maternelle... ou toutes les sonates pour piano de Mozart apprises dans l'adolescence... exercices de concentration qui, pratiqués sur des semaines et des mois comme moyen de lutte contre l'ennui et le désespoir, produisent des résultats spectaculaires.)

La mémoire, donc, serait inviolable. Moi, mes souvenirs : cul et chemise, larrons en foire.

Malheureusement, cela aussi est faux.
Encore une illusion rassurante qui mord
la poussière. Nos souvenirs *aussi* (et
pas seulement nos goûts, nos opinions,
nos engagements) sont façonnés par
ce que nous vivons au jour le jour. La
mémoire *aussi* est changeante, cha-
toyante, fuyante, insaisissable.

En 1995, au beau milieu de l'été berrichon, je reçus une lettre de Susan
Prince qui fut ma "meilleure amie" au
lycée et juste après, entre mes quinze
et dix-huit ans. Des décennies s'étaient
écoulées sans que je reçoive d'elle la
moindre nouvelle et voilà que tout
d'un coup, ayant retrouvé ma trace,
elle me déverse en trente-cinq pages
manuscrites l'histoire de sa vie adulte :
ses études, son mariage, son militan-
tisme politique, son travail de sculpteur,
ses enfants... Après des séjours pro-
longés sur la côte ouest et dans le sud
des Etats-Unis, elle venait de se réins-
taller exactement là où je l'avais ren-
contrée, dans la maison de sa mère, au
fond de la forêt new-hampshiroise.
Penchée sur la maie dans l'entrée de
notre maison du Berry, entourée par le
bruit de mes propres enfants (français), des oiseaux (français), des vaches
(françaises), sous le soleil (français) qui
entrait à flots par les fenêtres, c'est

aveuglée par des larmes que je par-
courus les mots anglais de Susan, grif-
fonnés en tous sens sur des pages
jaunes aux marges constellées de fioritu-
res décoratives. ("Elle n'a pas changé…")

Il se trouve que j'avais prévu de me
rendre en Nouvelle-Angleterre le mois
suivant, et je promis de lui faire signe.
Nous nous retrouvâmes, donc, un beau
jour de septembre, dans une librairie à
quelques kilomètres du lieu où nous
nous étions quittées une vingtaine
d'années plus tôt. Je vous épargne le
choc des retrouvailles, les corps mécon-
naissables, les "tu n'as pas changé" hypo-
crites, la contemplation incrédule des
photos de nos enfants respectifs… Ins-
tallées dans un café clean no-smoking,
nous bûmes bière après bière, riant et
pleurant ensemble dans les doulou-
reuses délices de la nostalgie… Seulement, au bout de quelques bières, il
nous devint clair que quelque chose
ne tournait pas rond. Malaise. Quoi… ?

C'est que, chaque fois que je disais :
"Tu te souviens…" Susan disait oui ;
en revanche, des souvenirs qu'*elle* res-
suscitait, au moins un sur deux ne me
disait rien du tout. Pas moyen de rani-
mer la moindre trace de cette escapade,
par exemple… J'avais beau fouiller ma
mémoire de fond en comble (l'aurais-je

rangé sous l'étiquette "1970", sous l'étiquette "fugues" ou sous l'étiquette "ini-
tiation érotique" ?), ouvrir tous les tiroirs,
tous les placards, soulever même les
tapis, au cas où j'aurais balayé le souvenir là-dessous, un jour de grand ran-
gement – rien. "Désolée, je ne m'en
souviens pas." Et Susan de blêmir. "Mais
ce n'est pas possible ! fit-elle, encore et
encore. C'est de ma *vie* qu'il s'agit ! Ma
vie avec toi. Je l'ai raconté à tout le
monde, ça. C'est un de mes souvenirs
fondateurs, et toi tu figures dedans. Tu
ne peux *pas* l'avoir oublié. Qu'est-ce
que je deviens, moi, si tu ne te rappelles
pas ?"

Culpabilité, une fois de plus.

Pourtant l'explication est simple. Ces
souvenirs étaient morts d'inanition. Un
souvenir, il faut lui rendre visite de
temps à autre. Il faut le nourrir, le sortir,
l'aérer, le montrer, le raconter aux autres
ou à soi-même. Sans quoi, il dépérit.

Or depuis un quart de siècle, ces
souvenirs-là n'étaient ranimés par rien
dans ma vie française. Aucun paysage,
individu, événement ne déclenchait le
signal électrique de leur rappel, de
leur réveil. Et donc, tout doucement, et
sans que je m'en aperçoive, ils s'étaient
éteints. Dans ma mémoire (c'est-à-dire
dans l'image que je me fais de moi-même

et de ma propre histoire), je ne suis pas quelqu'un qui a fait une fugue avec Susan Prince lors d'une expédition scolaire dans les Montagnes vertes en 1970. Nous n'avons pas fait du stop ensemble... Nous n'avons pas été embarquées par des types louches, ivres, armés... Nous n'avons pas eu la frousse de notre vie... Non, rien de tout cela n'a eu lieu. Je peux m'identifier à la "Nancy" qui a vécu cela, mais seulement comme je m'identifie à un personnage de roman. Je ne la reconnais pas comme étant "moi".

(Tout de suite après mon retour en France, j'envoyai à Susan le manuscrit en anglais de *Trois fois septembre*, roman dans lequel j'avais évoqué mes souvenirs à moi de ces années-là. Elle ne m'a plus jamais fait signe.)

Bien avant que la maladie d'Alzheimer ne s'installe, nous sommes une construction, une histoire pleine de trous, un livre aux pages arrachées. C'est vrai de tout un chacun mais (là il me semble qu'on commence à avoir le plus beau score) les expatriés s'en rendent compte plus rapidement que les autres.

Nous oublions l'inessentiel... *et* l'essentiel. L'insignifiant et le trop signifiant.

Le banal et l'intolérable. (Tout comme le caractère unique et incomparable de l'enfance, cette imperfection flagrante de la mémoire est un savoir que les exilés partagent avec les psychanalystes.)

Inversement, si je retournais passer en Amérique les dernières décennies de ma vie, les détails de ma vie française, à force de n'être jamais convoqués par ma conscience, s'estomperaient peu à peu. Et en l'an 2025 telle amie berrichonne viendrait me retrouver à New York, nous prendrions un café en face du Metropolitan Museum, et elle me dirait : "Tu te souviens de cette immense tempête dans le Berry en 1999, quand Jacques a perdu le toit de sa maison ?" Je la regarderais en fronçant les sourcils (où, bien sûr, les deux rides de Granny Huston se seraient encore approfondies), et je lui demanderais : "Mais… de quoi parles-tu ? Qui est Jacques ?"

LES AUTRES SOI I

AUJOURD'HUI, je suis restée à la maison.

Aujourd'hui je ne suis pas sortie admirer les reflets, sur la Seine, du soleil et des nuages d'après la pluie, le choc de lumière rose et de vaguelettes fouettées.

Aujourd'hui, pour la énième fois, je n'ai pas visité les égouts de Paris avec mon fils.

Je ne suis pas non plus allée me promener dans les montagnes Rocheuses avec ma fille.

Je ne suis pas passée dire bonjour à ma mère à Montréal, dans sa jolie maison blottie contre la montagne, avec une vue sur les gratte-ciel du centre-ville et jusqu'aux ponts géants qui enjambent le fleuve Saint-Laurent.

Je n'ai pas non plus rendu visite à mon père dans le New Hampshire, où il continue de retaper sa vieille maison au bord de la rivière. Elle va bientôt geler, la rivière, et je n'irai pas patiner dessus.

Je n'ai pas couru follement, joyeusement, sur le large trottoir d'Amsterdam Avenue à Manhattan, parmi les détritus et les feuilles mortes qui dansaient la sarabande dans le vent déchaîné.

Je ne suis pas allée prendre un énorme petit déjeuner dans un café à Sainte-Rose-du-Nord, sur le Saguenay, avec mon bon ami québécois Jean Morisset. (Dieu comme je me suis sentie fragile et friable ce jour-là, au mois d'octobre dernier, à écouter Jean jaser avec la jolie tenancière du café aux longs cheveux bruns, du sang indien en elle comme du sang inuit en lui, et la langue française entre eux dans un tutoiement instantané, l'indicible complicité de cette langue où affleuraient, telles des caresses, des mots de joual, leurs souvenirs d'enfance partagés, la rivière et le fjord, les grands bateaux : les familles nombreuses, pauvres et peu instruites, les froids d'hiver et les plats que préparait leur mère pour y faire face, bouillies de légumes et patates fricassées à la *sauce au poche*, la *tourtière* c'était rien que pour Noël – une culture oui, ils avaient une culture en commun et là, devant

moi, moi en proie à une jalousie intense,
ils échangeaient tout bas tout doux les
signaux clignotants de cette culture, et je
me suis rendu compte qu'avec aucun
être au monde hormis mon frère qui
habite à plus de cinq mille kilomètres
de chez moi je ne pouvais vivre cela,
cette reconnaissance automatique et
combien rassurante : *"Tu es des nôtres,
on est ensemble, on se serre les coudes
sur cette planète."*)

Je suis donc restée chez moi.
Et pourtant, d'une façon ou d'une
autre, chacun de ces univers est entré
en moi aujourd'hui. Par le téléphone,
le courrier, des photographies ou, tout
simplement, par le souvenir.
Tous, nous vivons les différentes
époques de notre vie dans la superpo-
sition (et non, du moins jusqu'à la
maladie d'Alzheimer, dans la confusion). Pour moi, le mot de *train* trimballe
avec lui les échos des trains canadiens
de mon enfance, des trains d'Allemagne, des trains lus dans les romans ou
vus au cinéma, des trains des camps
de la mort, redoutés de façon rétro-
spective, des trains dont le sifflement
s'éloigne dans la nuit noire, quelque
part dans les gorges de l'Allier, me

remplissant d'une nostalgie aussi déchirante que mystérieuse…

Brusquement, cela me frappe avec la force de l'évidence : si j'ai pu devenir romancière, c'est que j'ai été obligée d'apprendre très tôt à faire exister de façon convaincante, pour me rassurer sinon pour survivre, l'amour de celle qui est en principe l'emblème de la proximité et de la présence – mais qui, dans mon cas, était devenue lointaine, à jamais inaccessible. Et toutes les permutations subies, les multiples identités embrassées, puis repoussées, les trois belles-filles, la prof, le modèle, l'intello féministe… tout cela n'était-il, en dernière analyse, que ma façon à moi de demander (différemment de Romain Gary mais néanmoins à l'instar de celui-ci) : *"Comme ça, maman ?"*

Notre liberté d'aller ailleurs et d'être autrui dans notre tête est proprement hallucinante. Le roman, qu'on en lise ou qu'on en écrive, nous rappelle cette liberté… et son importance extrême. Il s'agit de *la* liberté : celle de ne pas se contenter d'une identité (religieuse, nationale, sexuelle, politique) conférée à la naissance.

La vie est un flot ininterrompu d'impressions, d'une diversité redoutable.

Nous les recevons, ces impressions, nous les classifions et les organisons, nous y réagissons avec une souplesse incroyable, de loin supérieure à celle du plus sophistiqué des ordinateurs. Nous savons être, tour à tour, mille personnes différentes, et nous appelons tout cela "moi". Nous employons le même vocable pour évoquer le moi ami, parent, lecteur, promeneur, le moi songeur, admiratif devant un retable ancien, le moi citoyen, indigné à la lecture du journal du soir, le moi voisin, musicien, dormeur, rêveur, le moi buveur, rieur, fumeur, téléspectateur, le moi narcissique, recueilli, vulgaire, le moi alerte et avachi. Incapables d'attraper dans les rets du langage tous les *moi* qui nous échappent, poissons vif-argent qui scintillent, frétillent et glissent entre les mailles des mots, nous recouvrons ce flot extravagant qu'est la vie par des banalités : "Oui, j'ai passé un bon été" ; "Ça va, ça va".

S'ouvrir totalement à ce flux, à cette multiplicité, à cette capacité réceptrice en nous, c'est sombrer dans la folie. Pour raison garder, nous nous faisons myopes et amnésiques. Nous assignons à notre existence des limites assez strictes. Nous arpentons le même territoire jour après jour, le désignant comme "ma vie" et définissant le "je", tautologiquement, comme celui qui l'arpente. Nous décidons, par exemple : "ma vie" est celle d'un critique littéraire, celle d'une prof de maths en banlieue parisienne, celle d'un rappeur, celle d'une prostituée, celle d'un maître bouddhiste enfermé dans un monastère…

La littérature nous autorise à repousser ces limites, aussi imaginaires que nécessaires, qui dessinent et définissent notre moi. En lisant, nous laissons d'autres êtres pénétrer en nous, nous leur faisons de la place sans difficulté – car nous les connaissons déjà. Le roman, c'est ce qui célèbre cette reconnaissance des autres en soi, et de soi dans les autres.

C'est le genre humain par excellence.

LES AUTRES SOI II

LES GENS NORMAUX passent d'une étape à l'autre de leur vie comme les serpents changent de peau. Certes ils se transforment, évoluent, parlent volontiers des "phases" successives de leur existence… mais *l'identité*, c'est-à-dire leur sentiment de qui ils sont, de ce qu'ils font et de là où ils devraient être, va plus ou moins de soi.

Rien de tel pour l'expatrié.

Rien que le vertige. Le vertige, encore et toujours, à l'idée qu'on aurait pu devenir ceci, qu'on aurait dû faire cela, et que ce que l'on est devenu de fait… manque singulièrement de réalité. De conviction. De consistance.

Où suis-je mon Dieu qui suis-je d'où viens-je et surtout, pour quelle raison ? *Hier ist kein Warum*, n'est-ce pas ? C'est pour *aucune raison*, précisément, que Tu m'as fait naître à Calgary, de ces deux individus-là, dans cette langue maternelle et dans ce milieu social ! Je ne suis pas en train de rouspéter, note bien. Je me trouve plutôt bien lotie dans l'ensemble, ce n'est pas le problème ; je constate simplement : c'est du n'importe quoi. J'ai raison, n'est-ce pas ?

Eh bien, c'est un peu secouant. (Et en même temps, je me rends compte que ce sont justement mon milieu et mon éducation qui me permettent de Te poser ces questions. Une femme vivant à Kaboul sous le régime taliban ne risquerait pas de T'embêter ainsi.)

Chaque exilé a la conviction, profondément ancrée dans son subconscient tout en étant régulièrement dénoncée comme une aberration par sa conscience, qu'il existe une partie de lui-même, ou pour mieux dire un *autre lui-même*, qui continue de vivre *là-bas*. (C'est Henry James qui, dans sa nouvelle "The Jolly Corner", a croqué pour l'éternité cette conviction illogique.)

Je sais bien mais quand même. Je sais bien que je vis à Paris depuis tout ce temps, mais il est quand même *impossible* que je ne marche pas, en même temps, dans la transparence fraîche et ensoleillée d'une matinée d'octobre à New York, sous le ciel d'un bleu défiant toute concurrence, dans ces rues dures et efficaces où miroitent le métal et le verre, au milieu des foules bien attifées au pas rapide, au fond de ces canyons gris, entre ces hauts murs de granit près de Grand Central Station, près de l'Empire State où j'ai travaillé (58e étage seulement) comme dactylo intérimaire, près de l'école Juilliard où j'ai joué du piano toutes les fins d'après-midi pendant un an, près de Central Park, en face du musée d'Histoire naturelle où j'ai décrypté des centaines d'heures de bandes magnétiques pour des intellos un peu fous, l'une sociologue, et l'autre, psychanalyste.

Il ne s'agit pas de visite, de voyage. Il s'agit de routines. On avait ses habitudes… et elles ne sont plus. Je connais peu d'expériences mentales plus singulières que celle qui consiste à revivre mentalement, geste après geste, une routine révolue.

Non, sérieusement. *Comment cela peut-il être ?* Vous voulez dire que je n'habite *plus*, mais alors *plus du tout*, à aucun niveau de la réalité, cet appartement exigu au rez-de-chaussée d'un immeuble délabré de la Cent Quatre-vingt-seizième Rue dans le Bronx, où pendant deux ans je me suis acharnée contre les cafards (et *le* cafard) tout en écoutant les jérémiades des bonnes femmes juives qui s'asseyaient chaque jour sur mon perron pour se reposer en rentrant de leurs courses, qui parlaient haut et fort, juste de l'autre côté de la porte d'entrée, de sorte qu'assise à la table du salon, essayant de m'atteler à la lecture ardue de Freud ou d'Aristote, j'étais constamment ramenée à leurs histoires, couinées et soupirées, de cors aux pieds, de fils ingrats, de carpe à farcir… ?

Non ? je ne vis plus là ? c'est vrai ? Et le "Blue Bar" de l'hôtel Algonquin à Manhattan, avec son jazz et ses gin-fizz, ses graines salées à grignoter, ses hommes grisonnants et dignes, débonnaires, discutant à voix basse, et puis toutes ces jeunes filles minces et maquillées, habillées de noir, souriantes, séduisantes… jeunes filles dont je faisais partie à l'époque… Tout cela continuerait, jour après jour, année après année, et je n'en serais plus ? plus *jamais* ? C'est insensé…

En janvier 1997, dans un café de New Delhi, une jeune femme occidentale a attiré mon regard. Elle avait le

crâne rasé et les traits ascétiques, elle
arborait les longues robes magenta des
moines bouddhistes – et, de façon
incongrue, elle était plongée dans la
lecture d'un roman. Intriguée, je me
suis contorsionnée pour en lire le titre :
il s'agissait de… *L'Insoutenable Légèreté
de l'être*, de Milan Kundera. Et quand
la femme s'est levée pour partir, j'ai vu
qu'elle portait sous sa longue robe de
moine… des Nike Air-Max.

Cette légèreté insoutenable. Une
seule vie. Pas deux. Pas trente-six.

Pourtant, j'insiste : toutes ces années
après mon départ de l'Alberta, il y a un
moi qui continue de vivre là-bas. C'est
quelqu'un d'assez épatant – par là je
veux dire que je l'aime bien – une Cal-
garienne de souche irlandaise et fière
de l'être, une vraie Ouesterneuse avec
un rire fort et franc, presque viril, une
grande femme hâlée, plus costaude et
plus cocasse que moi, elle pèse mettons soixante-trois kilos, elle a une
allure généreuse, des gestes larges et
des hanches larges, ce qui fait que, les
quatre ou cinq fois où elle a accouché,
ça a été avec facilité, les hommes vont
et viennent dans sa vie, maris ou pas,
mais les enfants restent et grandissent et
l'adorent, ils amènent dans sa maison
leurs amis et plus tard leurs amoureux

et plus tard leurs conjoints et leurs
enfants, oui il se peut bien que cette
femme soit déjà grand-mère parce
qu'elle a commencé très tôt, le premier
bébé est arrivé à dix-huit ans et les
autres ont suivi à la queue leu leu, elle
laisse grisonner ses cheveux et elle
s'en moque, se maquille peu, par contre
elle aime à se mettre du rouge à lèvres
carmin et à porter de lourdes boucles
d'oreilles mexicaines en argent et en
turquoise, ce n'est pas une intellectuelle, elle s'est lancée dans le monde
du travail dès la fin de ses études
secondaires, en peu de temps elle diri-
geait sa propre agence immobilière,
c'étaient les années soixante-dix, les
années de "boom-boom-boom" pétro-
lier, elle a fait pas mal d'argent et cet
argent elle le dépense et elle le donne
– le dilapide, même, diraient certains –
mais avec allégresse, tout ce qu'elle fait
elle le fait avec allégresse, qu'il s'agisse
d'arracher les mauvaises herbes dans
son jardin ou de préparer le café sur le
feu de bois lorsqu'ils vont camper
dans les Rocheuses, ou d'aimer corps
et âme le corps et l'âme de son homme
du moment ou de griller des steaks au
barbecue ou de faire des muffins le
matin pour sa marmaille – ça va vite,
ça sent bon, elle distribue la vie autour

d'elle, ébouriffant les têtes et tapant sur
les fesses selon les besoins du moment, elle n'est pas contre un peu de
violence et un peu de vice de temps à
autre, ça fait du bien, elle gueule
quand ça lui chante, pousse des jurons
gros comme des maisons, aime jouer
au poker et boire de la bière directe-
ment à la bouteille, d'ailleurs une de
ses dents de devant est cassée parce
qu'elle a essayé une fois de boire de la
bière tout en dansant, elle adore dan-
ser, quand elle sort en boîte le samedi
soir elle fait le pitre, fait la pute, se
fiche de ce qu'on pourrait en penser,
elle offre des tournées à ses amis, pré-
fère la compagnie des hommes à celle
des femmes parce que les hommes
rient mieux, boivent mieux, ne sont
pas toujours là à geindre et à marmot-
ter leurs petits soucis, elle a horreur de
la pusillanimité, la coquetterie, la frivo-
lité, la frilosité, elle tient à connaître
les choses à fond et à les regarder en
face et à les réparer elle-même, qu'il
s'agisse d'une fuite dans le toit ou d'un
chagrin d'enfant, elle navigue dans
l'existence en s'appropriant douleurs et
joies, aime la maîtrise et les muscles,
sait faire du ski et du cheval, conduit
un vieux pick-up, vite et un peu
dangereusement, mettant la radio fort,

très fort, au maximum, et chantant avec...

C'est surtout ça, c'est surtout que cette femme-là chante à tue-tête des chansons que moi j'ai perdues, oubliées, qui se fanent et s'effilochent dans ma mémoire, ou que je n'ai pas apprises mais que j'aurais dû apprendre, que j'aurais tant aimé apprendre, la voix lui bouillonne dans le ventre puis lui vibre dans la poitrine et lui jaillit par la gorge, les paroles sont drôles, débiles, désespérées... Or me voici au pays des clavecins et des châteaux, enfermée du matin au soir dans le silence, tripotant inlassablement des mots sur un écran gris...

Les bouddhistes ont raison, et Kundera : elle est insoutenable, cette légèreté de l'être ! Il est tout simplement inadmissible que l'on ne dispose que d'une seule vie !

(Automne 1998)

DOUZE FRANCE

1. *La fantasmatique*

"J'ai mal à la tête", dis-je en titubant à travers l'estrade, une main théâtralement appuyée sur la tempe – et tout le monde d'éclater de rire. Cela se passe dans une école publique de la ville d'Edmonton, à l'ouest du Canada, en 1960, c'est le "jour des parents", j'ai six ans et demi et je viens de prononcer la première phrase complète que j'ai apprise en langue française. Plus tard, dans un lycée du New Hampshire, à la fin des années soixante, années de guerre, de drogue et de rock, je chanterai avec une classe d'adolescents chevelus, en faisant voluptueusement traîner les voyelles, dix fois plus longuement qu'Edith Piaf : *"mo-o-on cœu-cœu-œu-r qui-i-i-i ba-a-a-at !"* – Ou encore, avec Boris Vian : *"Prévenez vos*

*gendarmes / que je n'aurai pas d'armes /
et qu'ils pourront tirer."* "Ça veut dire
quoi, tirer ?" France imaginaire, France
de la langue française, de la chanson
et de la poésie françaises, qui jouit en
Amérique du Nord d'un prestige énig-
matique.

2. *L'opaque*

"C'est de la part ?" dit la voix au téléphone, et je panique. C'est le 3 septembre 1973, je viens de poser le pied
pour la première fois sur le sol français, j'ai réussi à mettre les bonnes
pièces dans les bonnes fentes du téléphone et à demander à parler avec mon
seul et unique contact sur ce con-
tinent, Mme Baratin, je n'invente pas,
elle dirige l'antenne parisienne de mon
université new-yorkaise, et voilà qu'au
lieu de me la passer, on me répond par
cette phrase désespérément opaque :
"C'est de la part ?" Qu'est-ce que ça peut
bien vouloir dire ? Encore et encore, au
cours de cette première année, je serai
confrontée à l'abîme qui sépare le français scolaire, livresque, fantasmatique
qui est le mien, et le français vivant tel
que les Français le parlent. Les enfants,
surtout, me terrifient : des grappes

d'enfants babillant de façon incompréhensible dans le métro, dans les cours de récré : comment se peut-il que des petits morveux sachent parler si bien, si vite, alors que moi, en dépit de mes diplômes, je n'arrive plus à coller trois mots ensemble ? L'effort continuel pour comprendre me fatigue et me crispe ; parfois, en fin de soirée, je renonce à suivre la conversation et me mets à écouter les voix françaises comme une musique chaotique, dénuée de signification précise.

3. *La monumentale*

"Et là, sur votre droite…" Je me balade dans ce pays la bouche ouverte, les yeux exorbités, le cœur battant. Tout m'impressionne au même titre : le palais du Trocadéro me semble exactement aussi magnifique que la Conciergerie ; le Mont-Saint-Michel ne me bouleverse ni plus ni moins que le quartier de la Huchette. Aujourd'hui encore, je suis émue chaque fois qu'un Français me fait découvrir avec fierté un monument, une église, un vin local ; je ne vois aucun équivalent possible de cette fierté chez les habitants de l'ouest du Canada – et, hochant la tête devant la

bibliothèque humaniste de Sélestat, je ne peux m'empêcher de murmurer : "On n'avait pas ça à Calgary !"... Mais il me semble aussi, parfois, que cette fierté rend les Français comme absents à eux-mêmes, qu'elle leur tient lieu *d'être*... comme si la grandeur passée de leur pays leur évitait d'avoir à se prendre en charge comme individus présents.

4. *La gauchiste*

"Et hop, Franco, plus haut que Carrero !" Ma France des premières années, c'est encore un peu celle de Mai 68. Moi qui viens d'un monde où, pour être politisé, il suffisait d'être pour ou contre la guerre du Viêt-nam, pour ou contre l'indépendance du Québec, je suis éberluée de rencontrer des jeunes gens de mon âge, le début de la vingtaine, dont les discours politiques sont aussi divers que péremptoires : "Je te présente Pedro, il est mao, Hélène est trots, Philippe est marxiste-léniniste et Pierre est coco", nous défilons dans les rues le poing levé, buvant les gaz lacrymogènes à grandes goulées, ravis de souffrir pour la cause, débitant des insanités à qui mieux mieux, je m'évertue

à parler ce français-là aussi, à chanter *L'Internationale*, à scander "CRS-SS", à clamer, moi la petite chrétienne affranchie, qu'il faut faire sauter des gens, oui – et pas seulement Franco et Pinochet, beaucoup de gens, toute la bourgeoisie, quoi, c'est pour la Révolution, bon, ça va, et si on allait maintenant casser la croûte *Chez Flo* ?

5. *La dragueuse*

"Vous êtes toute seule ?" Jusqu'à ce que je sorte enfin, ces dernières années, de la catégorie JJF (jolie jeune femme), les phrases débiles des dragueurs français ont été l'une des facettes les plus incontournables et les plus agaçantes de ma vie quotidienne. Pourtant j'adore séduire ! Mais jamais je n'ai pu m'habituer à cette effraction répétée de ma bulle d'intimité, le précieux anonymat des flâneurs. Une jeune femme qui marche dans la rue en lisant une lettre – "Elles sont bonnes, les nouvelles ?" – en mangeant un sandwich – "Vous m'en donnez une bouchée ?" – est continuellement soumise à ces non-rencontres. "Vous êtes toute seule ? – Non mais j'aurais tellement voulu l'être…" Ou alors – sans mots – on la transperce du

regard pour le pur plaisir de la voir
rougir et détourner les yeux, ne pas
savoir où se mettre. Il m'a fallu attendre
la quarantaine pour conquérir, dans les
rues de Paris, cette liberté que n'importe quel gamin de quinze ans prend
comme son dû.

6. *La théoricienne*

*"L'inconscient est structuré comme un
langage."* Les théoriciens français, c'est
un peu comme les monuments : au
début, ça m'éblouit et ça m'intimide en
bloc. Comme des centaines d'autres
étudiants, j'assiste assidûment au sémi-
naire de Jacques Lacan, qui égrène
dans l'amphithéâtre bondé ses sen-
tences impénétrables. Si je ne pose pas
un magnétophone parmi les dizaines
d'autres qui jonchent l'estrade, je prends
des notes méticuleuses, m'efforce de
reproduire avec fidélité la géniale syntaxe du Maître, et recopie ses schémas
géométriques pour les colorier ensuite
à la maison. "Ici nous voyons le désir
de la mère châtrée en forme de tore…"
Je garde encore les notes dactylogra-
phiées de ces cours, pour me rappeler
jusqu'où il est possible d'aller dans
l'asservissement. Mais il y a aussi, dans

une catégorie à part : Roland Barthes. Cet homme à la fois fin et désabusé m'a appris à lire – des textes, mais aussi le monde comme texte ; à porter une attention maniaque aux mots et à leurs messages sous-jacents ; qu'il parlât de l'amour ou du Japon, de l'opéra ou des ratures, du neutre ou de la photographie, Barthes avait une grâce et une générosité de pensée qui n'appartenaient qu'à lui. Si j'ai eu un vrai maître c'est celui-là, qui avait renoncé à toute forme de maîtrise.

7. *La féministe*

"En voilà une que les hommes n'auront pas !" dit Martine en attaquant la côtelette d'agneau dans son assiette, provoquant un immense éclat de rire autour de la table. Nous sommes une vingtaine de femmes à passer un week-end dans une maison de campagne pour préparer le premier numéro d'un journal féministe, *Histoires d'Elles*. Le journal, qui veut relever le défi de "parler de tout", depuis la guerre Irak-Iran jusqu'au salon de coiffure au coin de la rue, vivra quatre ans. Quatre années de réunions enfumées, bruyantes, conflictuelles, intenses, affectueuses… Et

aujourd'hui, je reste rêveuse devant les
images grotesques que l'on a fabri-
quées après coup des "militantes MLF",
viragos animées par le ressentiment et
l'esprit de vengeance. Comme l'ont fait
les hommes pendant des siècles, nous
avons pris un plaisir fou à travailler
ensemble, tout en essayant de dimi-
nuer la quantité de violence, de coer-
cition et de connerie dans le monde :
est-ce si dérangeant, vraiment ?

8. *La banale*

*"Vous prendrez de la Suze ou du pineau
des Charentes ?"* La nouveauté confère
à n'importe quel pays étranger un attrait
automatique : le moindre détail de la
vie quotidienne devient passionnant,
simplement parce qu'il est inhabituel.
Tous les êtres nous paraissent cultivés
et raffinés, du simple fait qu'ils maîtri-
sent bien l'idiome étranger… On n'est
vraiment intégré à un pays que lorsqu'on parvient à s'y ennuyer, et à reconnaître que certains de ses habitants
sont aussi médiocres que les plus
médiocres chez soi. Quelle est à mes
yeux la quintessence de l'ennui à la
française ? C'est l'apéritif. Un apéritif
servi avec lenteur et ostentation par

des hôtes aux attitudes empesées :
"Encore une goutte de Suze ? Vous
prendrez bien un Apéricube avec ? ou
un bretzel ? Non ? Il faut manger,
sinon, avec l'alcool, à jeun, vous aurez
la tête qui tourne..." Oh ! cela me
donne envie de sortir mon bon vieux
cri de cow-boy – *"Yip-yip-yippee !"* – et
de sauter sur mon cheval qui, depuis
des décennies, m'attend patiemment
sous la fenêtre.

9. *La cosmopolite*

*"Heureusement que je suis là pour
représenter la France !"* dit Catherine.
Et, comme cela nous arrive souvent,
nous regardons autour de la table et
constatons, étonnés, qu'en effet, des
six, ou huit, ou dix convives qui depuis
trois heures se délectent ensemble de
mets français, boivent du vin français
et partagent en français leurs problèmes, leurs opinions et leurs espoirs,
la seule à être née dans ce pays est
Catherine (ou François, ou Séverine,
selon les cas). Les autres sont origi-
naires d'Europe centrale, du Moyen-
Orient ou de l'Amérique du Nord ; ils
vivent ici depuis dix, vingt ou trente
ans et ne voudraient pour rien au

monde vivre ailleurs. Leur expatriation
a des raisons multiples et variées mais
tous chérissent, dans leur pays d'adoption, la place que ce pays sait ménager
à la beauté et aux formes, qu'il s'agisse
de littérature, de cuisine ou de conversation... Les Français savent vivre – et
même, parfois, laisser vivre.

10. *La conformiste*

"Trop d'imagination !" griffonne l'institutrice au bas d'une rédaction de ma
fille. Le respect pour les formes se fige
parfois (et ceci de façon particulièrement déplorable dans les écoles) en
vénération transie devant les normes
établies. L'élégance se fait prétention,
l'expression cesse d'être soignée pour
devenir guindée, l'imagination est vouée
aux gémonies et le ridicule n'est pas
loin : "Il est instamment demandé aux
usagers du garage, pour des raisons
relevant tant de la sécurité que de l'hy-
giène, de veiller à bien refermer cette
porte derrière eux au moment de quitter l'immeuble", conseille une pancarte
à la sortie de mon garage – là où, dans
mon pays d'origine, on se serait con-
tenté de mettre : "Close the door".

11. *La persifleuse*

"Comment, il avait quatre enfants, dont un nourrisson ? Berk, les biberons, les couches, le caca – pas étonnant qu'il se soit suicidé !" De toutes les traditions françaises, le persiflage est celle que j'exècre le plus, celle que je refuse de faire mienne – celle qui, après un quart de siècle en France, me choque encore comme au premier jour. Du reste, il s'agit d'une tradition davantage parisienne que française, mais philosophes et politiciens d'envergure s'y adonnent allégrement : "gueule de salaud latin" et "Durafour crématoire" résonneront à jamais dans mes oreilles. Ton de supériorité facile, goût pour le bon mot à tout prix, besoin de se moquer de la faiblesse, de la sincérité, du premier degré… Comme je n'aime pas m'énerver, j'évite comme la peste les hauts lieux du persiflage : cocktails, hebdomadaires, débats télévisés.

12. *La profonde*

"Marcel a emporté ma mémoire avec lui", me dit en riant la vieille Madeleine, notre voisine du Berry, qui a perdu son mari il y a trois ans et qui,

depuis, perd peu à peu pied dans ses souvenirs. C'est dans cette région dont les habitants sont réputés superstitieux, bornés et renfermés que nous avons choisi de nous enraciner. Certes, pour les paysans de notre Boischaut-Sud, même les habitants de Bourges font figure d'étrangers. Mais, confrontés à une famille dont les membres sont nés à Sofia, à Calgary et à Tunis, ils ont renoncé à la méfiance : face à des extra-terrestres, on est forcément curieux ! Peu à peu, ils nous ont adoptés, notre fils est né sous les mains expertes d'une sage-femme berrichonne nommée Proust, et c'est peut-être dans le Berry que nos attaches sont maintenant les plus sereines et les plus sûres. C'est là que, à la Toussaint, nous allons au cimetière pour nous souvenir de Marcel, de Raymonde, de Pierre et de Sabine… Là, enfin, dans cette terre française si secrète de bocages et d'étangs, de bouchures et de bois, de petites églises romanes et de vaches charolaises, que nous aurions envie de reposer à la fin de l'histoire.

(Eté 1998)

TABLE

OUVRAGE RÉALISÉ
PAR L'ATELIER GRAPHIQUE ACTES SUD
REPRODUIT ET ACHEVÉ D'IMPRIMER
EN JUIN 2001
PAR L'IMPRIMERIE FLOCH
A MAYENNE
SUR PAPIER DES
PAPETERIES DE JEAND'HEURS
POUR LE COMPTE DES ÉDITIONS
ACTES SUD
LE MÉJAN
PLACE NINA-BERBEROVA
13200 ARLES

DÉPÔT LÉGAL
1re ÉDITION : NOVEMBRE 1999
N° impr. : 51728
(Imprimé en France)